BIG DATA DEMYSTIFIED

빅데이터, 돈을 읽다

데이비드 스티븐슨 지음
장진영 옮김

BIG DATA DEMYSTIFIED

빅데이터, 돈을 읽다

제2의 성공신화를 꿈꾸는
CEO들을 위한 필독서!

동아엠앤비

머리글

　우리는 '빅데이터(big data)'란 말을 자주 접한다. 그러나 빅데이터가 무엇인지 그것이 왜 중요한지를 정확히 알고 있는 사람은 드물다. 더 나은 조직을 만드는데 빅데이터가 정말로 도움이 될까? 만약 우리가 빅데이터를 활용하지 않으면 경쟁에서 불리해질까?

　이 책은 '빅데이터'란 용어를 명확하게 규정해주고, 데이터 과학과 머신러닝을 이용한 빅데이터의 실질적인 활용방안을 제공해 줄 것이다.

　'빅데이터'는 새로운 종류의 데이터이며 아주 빠르게 방대한 양이 축적된다. 이런 특징 때문에 빅데이터는 전통적인 구조와는 다른 개념으로 이해해야 한다. '빅(big)'이란 수식어로는 빅데이터의 복잡성을 충분히 설명하지 못한다. 단순히 그 양이 전통적인 데이터보다 방대해서 빅데이터라고 부르는 것이 아니다. 모터사이클이 크기만 더 큰 자전거가 아니고, 바다가 수심만 더 깊은 수영장이 아닌 것과 같은 이치다. 빅데이터는 새로운 도전과 기회를 제공하고, 경쟁의 경계를 모호하게 만든다. 빅데이터에서 실질적인 가치를 뽑아내려면 패러다임을 바꿔야 한다. 이 데이터의 바다와 빅데이터를 처리하기 위해 개발된 기술들이 결합하면서 엄청난 통찰이 일어났고 새로운 머신러닝이 가능해졌다. 그 결과 컴퓨터가 자동차를 운전하고, 외과 전문의보다 더 정확하고 빠르게 심장마비를 예측하고, 인간을 상대로 바둑처럼 복잡한 게임에서 승리하게 되었다.

왜 빅데이터는 게임체인저(판을 뒤흔들어 시장의 흐름을 통째로 바꾸거나 어떤 일의 결과나 흐름 및 판도를 뒤집어 놓을 만한 결정적인 역할을 한 사건, 사람, 서비스, 제품 ─편집자주)일까? 빅데이터는 기존의 데이터를 분석하여 보다 심오한 통찰을 이끌어낸다. 빅데이터를 통해 무엇이 고객에게 동기를 부여하는지, 무엇이 생산라인의 작업속도를 늦추는지 이해할 수 있다. 실제로 기업은 빅데이터를 이용해 전 세계 수백만 명의 고객에게 각자의 성향에 맞춘 서비스를 동시에 제공한다. 빅데이터는 암 연구, 천문학과 소립자 물리학 등 과학 분야에서 수십억 개의 데이터 포인트를 분석할 때 필요한 연산력도 지니고 있다. 최근 인공지능이 부활할 수 있었던 것도 빅데이터가 제공하는 방대한 데이터와 연산 자원 덕분이었다. 요즘 전 세계 헤드라인을 장식하고 있는 **딥러닝**(deep learning)의 발전도 인공지능이 부활하는 데 큰 역할을 했다.

연구자들과 엔지니어들은 빅데이터 자체를 이해하고 활용하는 수준을 넘어 지난 20년 동안 방대한 데이터를 수집, 저장, 처리 그리고 분석할 하드웨어와 소프트웨어를 개발하고 완전한 생태계를 구축하기 위해서 노력해 왔다. 이 책에서는 이런 하드웨어와 소프트웨어를 **빅데이터 생태계**(big data ecosystem)라 부를 것이다. 빅데이터 생태계 덕분에 비즈니스, 과학, 헬스케어 분야 등에서 빅데이터는 엄청난 가치를 창출할 수 있다. 다만 빅데이터를 활용하려면 목적에 가장 적합한 빅데이터 생태계를 구축하고 **데이터 과학**(data science)이라 알려진 적절한 분석방법을 선택해야 한다.

빅데이터에 관한 이야기는 단순히 데이터와 기술에 관한 이야기가 아니다. 그것은 상업, 과학 그리고 사회에서 이미 일어나고 있는 일에 관한 이야기이며 빅데이터가 비즈니스에서 무슨 차이를 만들 수 있는지에 관한 이야기다. 그러므로 빅데이터를 활용하고자 마음먹었다면, 단순히 빅데이터 기술을 구매하는 것만으로는 안 된다. 이 책은 빅데이터의 툴, 응용프로그램, 프로세스를 개략적으로 설명하고 다양한 형태의 데이터에서 가치를 뽑아내는 방법을 알려줄 것이다.

대부분의 조직은 빅데이터를 디지털 혁신을 이루는 데 필수적인 부분으로 본다. 성공을 거둔 대다수의 조직이 이미 머신러닝을 비롯해 빅데이터와 데이터 과학을 활용하고 있다. 다양한 연구를 통해 빅데이터의 활용과 수익 증가 사이에 큰 상관관계가 있음이 밝혀졌으며 (빅데이터의 이용 전보다 수익이 50% 이상 증가했다[서문1-1]) 데이터 과학을 활용하는 조직의 **핵심성과지표**(key performance indicators, KPI)는 10~20% 개선되었다.

아직도 빅데이터와 데이터 과학을 활용하지 않는 조직이 많다. 빅데이터에 그만한 비용과 노력을 들일 가치가 있을지 확신하지 못하기 때문이다. 이 책에서 소개할 빅데이터와 데이터 과학의 가치를 증명하는 사례연구를 통해 빅데이터의 혜택을 이해하는 데 큰 도움이 되기를 바란다.

책 후반에서는 데이터 전략을 수립하고 데이터 프로젝트를 완수하는 실질적인 단계에 대해 알아볼 것이다. 적절한 인재들을 한곳에 모아 팀을 만들고, 데이터를 수집하고 활용하는 계획을 세우는 방법과 조직에서 이를 활용하여 결과를 개선하는 방법에 관해서도 구체적으로 살펴보겠다. 또한 이러한 계획을 실행하는 데 필요한 인재를 확보하는 방법들도 다룰 것이다.

　나아가 이 책은 경쟁 리스크, 평판 리스크 그리고 법적 리스크에서 조직을 보호하기 위한 데이터 거버넌스(data governance, 데이터베이스를 효과적으로 관리하기 위한 체계 –편집자주)와 개인정보 보호도 살펴볼 것이며, 조직이 데이터 이니셔티브(initiative, 목표를 달성하기 위한 이행과제 또는 실행계획 –편집자주)를 성공적으로 실행하는 데 실질적인 도움이 되는 조언을 제공할 것이다.

| QR코드 |

서문1-1

목차

제2부
빅데이터
생태계의
조성

개요

| 제1부 | 빅데이터의 이해

제1장 빅데이터 이야기

빅데이터는 어떻게 하나의 현상이 되었나? 빅데이터가 지난 몇 년 동안 전 세계적으로 중요한 화두가 된 이유는 무엇인가? 빅데이터는 어디에서 유래했는가? 누가 그리고 왜 빅데이터를 사용하는가? 무엇이 변해서 과거에는 불가능했던 일이 지금은 가능해졌을까? 이 장에서는 이러한 내용을 다루도록 한다.

제2장 인공지능, 머신러닝 그리고 빅데이터

인공지능의 역사 및 인공지능과 머신러닝의 관계에 대해 살펴보고 신경망과 딥러닝을 알아본다. 그리고 인공지능이 오늘날 어떻게 사용되고 있는지, 빅데이터와는 어떤 관련이 있는지 또한, 인공지능 활용시에 주의할 사항을 둘러본다.

제3장 빅데이터는 왜 유용한가?

데이터 패러다임의 변화과정과 빅데이터가 어떻게 새로운 기회를 만들어내고 기존의 분석기법을 개선하는지 살펴볼 것이다. 또한 성공

사례의 연구를 통해 '데이터 중심'이 어떤 의미를 말하는 것인지 알아보겠다.

제4장 (빅)데이터 애널리틱스의 사례

(빅)데이터, 애널리틱스(빅데이터를 분석하는 전반적인 기술 -편집자주)와 데이터 과학이 비즈니스에서 통상적으로 어떻게 활용되는지 20가지 사례를 중심으로 살펴보겠다. 특히 빅데이터가 기존 애널리틱스를 개선한 사례를 중점적으로 분석할 것이다.

제5장 빅데이터 생태계의 이해

오픈소스코드, 분산 컴퓨팅, 클라우드 컴퓨팅 등 빅데이터와 관련된 주요 개념들을 짚어볼 것이다.

| 제2부 | 빅데이터 생태계의 조성

제6장 빅데이터와 비즈니스 전략

조직(기업)을 둘러싼 고객, 제품성능, 경쟁자와 기타 외부요인에 대한 이해를 통해 데이터 활용 전략 수립에 빅데이터가 어떻게 도움이 되는지 살펴볼 것이다.

제7장 빅데이터와 데이터 과학 전략의 수립

비즈니스 목표와 이해관계자의 조언을 바탕으로 단계적으로 데이터 이니셔티브의 범위를 정하고 프로젝트팀을 구성한 후, 가장 적절한 애널리틱스 프로젝트를 결정해 프로젝트를 끝까지 완수해볼 것이다.

제8장 데이터 과학의 활용 - 애널리틱스, 알고리즘, 머신러닝 -

기본적인 애널리틱스를 살펴보고 모델과 데이터베이스를 선택해본다. 또한, 비즈니스 가치를 실현하는 애자일(Agile) 방법론의 중요성도 확인할 것이다.

제9장 빅데이터 기술의 선택

조직에 가장 적합한 빅데이터 기술을 선택할 때 어떤 의사결정이 필요한지, 무엇을 염두에 두어야 하는지, 빅데이터 기술 선택에 도움이 되는 자원으로 무엇을 가지고 있는지를 살핀다.

제10장 팀의 구성

빅데이터와 데이터 과학 프로그램에 필요한 핵심역할을 생각해보고, 이런 핵심역할을 수행할 인재를 고용하거나 아웃소싱 때 고려해야 할 사항에 대해 살펴볼 것이다.

제11장 데이터 거버넌스와 법률 준수

사생활, 데이터 보호, 규정준수와 데이터 거버넌스의 원칙과 법률적 관점, 평판의 관점, 조직 내부의 관점에서 이에 대한 영향을 살펴본다. 그리고 개인식별정보, 공개된 데이터에 대한 연결 공격과 유럽의 새로운 사생활 규정인 일반 데이터 보호 규정을 살펴보고 데이터의 부적절한 사용으로 곤경에 빠진 기업의 사례도 설명할 것이다.

제12장 빅데이터 프로젝트의 성공적 도입을 위해

빅데이터 활용의 대표적인 실패사례를 알아보고 데이터 이니셔티브를 성공적으로 진행하는 최고의 방법을 모색할 것이다. 데이터 중심의 조직문화를 강화하고 조직 내 애널리틱스 팀을 만들어 데이터를 통합하고 효과적으로 자원을 활용하는 방법도 찾아볼 것이다.

· 일러두기 ·

*본문에서 책 제목은 『　』, 보고서는 「　」, 잡지나 일간지 등은 《　》로 구분하였습니다.

*논문, 서적 인용 등은 1, 2, 3…을 사용해 각주 표시를 하였으며 인터넷 페이지 인용은 1-1, 1-2, 1-3…의 형식으로 표기해 각 장 마지막 페이지에 QR 코드를 삽입, 편의성을 도모하였습니다.

*모든 QR 코드는 2020년 9월 15일 기준이며 각 사이트 사정에 따라 게재 내용이 변경될 수 있습니다.

***굵은 고딕 서체로 된 단어**는 279페이지에 있는 용어 해설에 실린 단어를 의미합니다.

제1부

빅데이터의 이해

제1장

**빅데이터
이야기**

데이터 저장 공간 문제는 항상 골칫거리였다. 불과 얼마 전까지만 해도 우리는 휴가지에서의 즐거운 시간을 장당 1달러짜리 폴라로이드 사진으로 남겼다. 최고의 TV쇼와 음악 프로그램은 오래된 비디오테이프에 반복 녹화해서 봐야만 했다. 컴퓨터 메모리 역시 항상 부족했다.

그러나 더 새롭고 더 저렴한 기술이 개발되면서, 수도꼭지에서 물이 나오듯 데이터가 콸콸 쏟아지기 시작했다. 사람들은 디지털 카메라를 장만했고 컴퓨터를 네트워크에 연결했으며 싼 가격에 전자기기를 구입해 대용량의 데이터를 저장했다. 그럼에도 불구하고 여전히 데이터를 저장하고 폐기하는 일은 계속됐다. 남길 데이터를 선별해야만 했다.

데이터의 양이 점점 많아짐에 따라 기술 개발의 흐름에도 박차가 가해졌다. 덕분에 모두가 아주 손쉽게 데이터를 생산할 수 있게 되었다. 필름 카메라는 디지털 비디오 카메라를 거쳐 종국에는 스마트폰 카메라로 대체됐다. 이 최신기기를 이용해 우리는 일평생 다시 보지도 않을 동영상을 녹화하고 있다.

고화질 센서가 과학 및 산업 장비를 통해 확산되었으며 점점 많은 문서가 디지털 형식으로 저장됐다. 무엇보다 전 세계 데이터 사일로(silo, 저장고 -편집자주)가 인터넷을 통해 서로 연결되기 시작했다. 이로 말미암아 인류는 미처 준비되지 못한 상태에서 새로운 도전과 기회를 마주하게 되었다. 결정적인 한 방은 크라우드 소싱(crowd sourcing, 대중들의 참여로 해결책을 얻는 방법 -편집자주) 전자출판(digital publishing)의 등장이었다. 유튜브, 페이스북과 같이 인터넷을 통해 여러 사람의 정보를 수집하는 전자출판은 모든 사람에게 포털을 개방했고 연결된 디지털 기기를 가진 사람이라면 누구나 이 포털을 이용할 수 있게 되었다. 그 결과, 세계 데이터 저장소에 모이는 데이터양이 거의 무제한으로 증가했다.

하지만 데이터 저장 문제는 빙산의 일각에 불과했다. 우리가 부족한 데이터 저장소에 허덕이는 동안, 컴퓨터 과학자들은 부족한 컴퓨터 처리능력과 치열한 사투를 벌이고 있었다. 그들은 과학과 산업이 직면한 문제 ―예를 들어 화학 반응을 분석하고 주식시장의 움직임을 예측하고 복잡한 자원을 관리하는 문제― 를 해결하는 데 도움이 될 컴퓨터 프로그램을 개발하느라 여념이 없었다.

그들에게 충분한 처리능력을 지닌 컴퓨터가 있었다면 수일 또는 수주 만에 이런 문제들을 해결할 수 있었겠지만 이를 구입할 수 있는 것은 오직 자금이 풍부한 기관들뿐이었다.

1960년대에, 그리고 1980년대에 컴퓨터 과학자들은 **인공지능**(AI)의 일종인 **머신러닝**(Machine Learning, ML)의 발전에 큰 기대를 걸었지만 대부분 데이터와 기술의 한계로 매번 교착 상태에 빠졌다.

다시 말해, 20세기의 뒤떨어진 기술이 데이터의 가치 창출에 걸림돌로 작용하고 있던 것이다.

21세기가 되면서 무엇이 변했나?

21세기에 들어와 몇 가지 큰 변화가 일어났다. 그중 가장 중요한 변화는 구글에서 시작되었다. 인터넷이라는 정보의 바다를 항해하기 위해 태어난 기업인 구글은 처음부터 빅데이터에 큰 관심이 있었다. 구글 연구진은 여러 개의 일반 컴퓨터를 하나로 묶어 슈퍼컴퓨터처럼 대용량 데이터를 처리하는 기술을 개발해냈으며 2003년에는 논문으로 발표했다. 이는 **하둡**(Hadoop)으로 알려진 **소프트웨어 프레임워크**(software framework)의 기초가 되었고 이렇게 탄생한 하둡은 초기 빅데이터 기술의 기반이 되었다.

빅데이터가 주류에 편입되기 10년 전부터 '빅데이터'의 개념은 이미 기술 업계에서 움트고 있었다. 그러다 2011년을 전후해 기업들이 고민하던 대용량 데이터 문제를 해결할 돌파구로 빅데이터가 주목받기 시작했다. 경영 컨설팅 회사 맥킨지는 보고서 「빅데이터: 혁신, 경쟁 그리고 생산성의 신기술」을 발간했으며[1] 나는 이듬해(2012년) 런던의 '빅데이터 콘퍼런스'에서 빅데이터에 관한 첫 강연을 했다. 새로운 화두를 적극적으로 소개하는 미디어 회사가 마련한 강연회였다.

그러나 맥킨지 보고서 이전부터 대용량 데이터를 활용하는 이베이(eBay) 같은 기업은 이미 빅데이터 문제를 해결하기 위해 내부적으로 발 빠르게 움직이고 있었다. 맥킨지 보고서가 발간될 무렵에 하둡은 이미 개발된 지 5년이나 된 낡은 기술이었으며 캘리포니아 대학교 버클리캠퍼스는 스파크 프레임워크를 공개한 상황이었다. 스파크는 하둡을 잇는 빅데이터 분산 처리 프레임워크로 저렴한 RAM을 이용해 하둡보다 더 빨리 빅데이터를 처리하는 기술이다.

그럼 지금부터 지난 몇 년 동안 데이터가 폭발적으로 증가한 원인과 '빅데이터'가 주요 화두가 된 이유를 살펴보자.

왜 데이터가
많아졌나?

아래의 두 가지 이유로 인해 디지털 메모리에 저장되는 데이터의 양이 폭발적으로 증가하고 있다.

---

[1]　McKinsey 저(2001년 5월) Big data: The next frontier for innovation, competition, and productivity. McKinsey Global Institute.

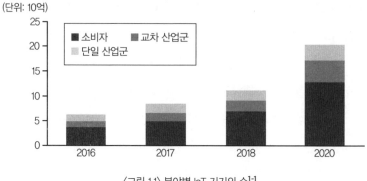

(단위: 10억)

〈그림 1.1〉 분야별 IoT 기기의 수[1-1]

1. 데이터를 생산하는 기기의 급증: 개인 PC와 휴대전화, 과학 센서 그리고 확산 중인 **사물인터넷**(IoT)에 활용되는 수십억 개의 센서(그림 1.1)

2. 디지털 저장 비용의 급락

디지털 데이터를
생성하는 장치의 급증

오늘날 데이터 생성 및 수집 기술은 저렴해짐과 동시에 어디에나 사용되고 있다. 대표적으로 컴퓨터, 스마트폰, 카메라, RFID(radio frequency identification, 무선인식 −편집자주), 행동감지센서 등이 있다. 이런 기술이 소비자, 과학계, 산업체 그리고 정부 기관 등으로 흘러들어갔다. 사람들은 데이터를 의도적으로 만들며 비디오를 찍거나 촬영한 비디오를 웹사이트에 올린다. 물론 의도치 않았는데 데이터가 만들어지는 일도 있다. 인터넷 서핑을 하면서 디지털 발자국을 남기거나 항상 들고 다니는 스마트폰이 통신사에 위치 정보를 전송하는 경우가 그것이다. 기계 활동이나 과학 현상처럼 우리와 전혀 관련 없는 데이터도 있다. 이제 주로 데이터가 어디서 만들어지는지 그리고 현대 기술을 활용해서 만든 데이터를 어디에 사용하는지 자세히 살펴보자.

콘텐츠 제작과 셀프 퍼블리싱

저작물을 출판하려면 무엇이 있어야 할까? 불과 몇 년 전까지 출판을 하려면 인쇄기와 서점망이 필요했다. 그러나 인터넷이 이 풍경을 바꿔놓았다. 이제는 웹페이지를 만드는 기술만 있으면 누구나 자신의 저작물을 출판할 수 있다. 페이스북이나 트위터 계정을 통해 누구나 즉시 전 세계 독자에게 자신의 콘텐츠를 보여줄 수 있다. 영화와 동영상도 마찬가지다. 현대 기술, 특히 인터넷은 출판, 즉 퍼블리싱의 본질을 완전히 바꿔놓았다. 인터넷은 인간이 생성하는 콘텐츠의 양을 폭발적으로 증가시키고 있다.

페이스북, 유튜브 그리고 트위터는 대표적인 셀프 퍼블리싱(자기 출판) 플랫폼이다. 수문이 개방되면 댐에서 엄청난 양의 물이 한꺼번에 쏟아지듯이, 사람들은 셀프 퍼블리싱 플랫폼으로 엄청난 양의 데이터를 만들어내고 있다. 이제는 누구나 손쉽게 콘텐츠를 제작해서 인터넷에 올릴 수 있다. 그리고 동영상을 찍고 인터넷에 업로드할 수 있는 모바일 장치의 확산이 진입장벽을 더욱 낮췄다.

대부분의 사람들이 고해상도 비디오카메라가 내장된 개인 장치를 소유하고 언제든지 인터넷을 사용할 수 있게 되면서, 엄청난 양의 데이터가 인터넷에 업로드되고 있다. 심지어 어린 아이도 자유자재로 텍스트나 동영상을 퍼블릭 도메인에 올린다.

유튜브는 가장 성공한 셀프 퍼블리싱 플랫폼이다. 가장 많은 기업 데이터를 소비하고 있는 단일 업체가 유튜브일 것이다.

기존의 통계치를 근거로 유튜브가 매년 생산하는 데이터의 양을 추산해 보면 약 100**페타바이트**(PB)에 달한다. 이것은 1분마다 유튜브에 업로드되는 수백 시간에 달하는 동영상이 만들어내는 데이터의 양이다.

게다가 사람들은 유튜브, 넷플릭스 그리고 기타 스트리밍 서비스를 이용해 엄청난 양의 동영상을 시청한다. 최근에 시스코 (Cisco, 미국의 정보 통신 회사 –편집자주)는 2020년에는 매월 세계 IP 네트워크에 올라오는 모든 동영상을 시청하는 데 500만 년 이상이 걸릴 것이라고 추정했다.

소비자의 활동

웹사이트 주인은 (검색어, 필터 설정, 링크 등을 이용하여) 방문자가 웹사이트에서 어떤 정보를 찾았는지를 알 수 있다. 그리고 방문자의 브라우저에 프로그래밍된 자바스크립트를 이용해서 방문자가 웹페이지를 어떻게 사용했는지도 알 수 있다.

방문자가 언제 스크롤바를 밑으로 내렸는지, 마우스가 어느 순간에 어떤 아이템에 머물렀는지 등을 말이다. 웹사이트는 이런 자세한 정보를 이용해 방문자를 더욱 잘 이해할 수 있게 된다. 그래서 웹사이트는 온라인 활동을 (검색, 클릭, 스크롤, 마우스 커서 움직임 등) 수백 개의 범주로 분류하여 자세히 기록한다. 방문자가 웹사이트에 로그인하지 않아 그가 누군지 알 수 없다 할지라도, 방문자가 남긴 데이터는 아주 유용하다. 즉 웹사이트가 방문자에 대하여 더 많은 정보를 수집할수록 마케팅, 랜딩페이지(landing page, 인터넷의 링크 버튼을 눌렀을 때 연결되는 페이지 -편집자주) 그리고 제품믹스를 더 최적화할 수 있다.

모바일 장치는 더 많은 흔적을 남긴다. 스마트폰에 설치된 응용프로그램은 위치 파악 시스템인 GPS 등 장치 센서에 접근한다. 많은 사람이 스마트폰을 항상 곁에 둔다. 그래서 스마트폰에는 소지자의 위치와 활동주기에 관한 아주 정확한 데이터가 저장된다. 또한 스마트폰은 일반적으로 기지국과 무선 인터넷 공유기와 끊임없이 통신하기 때문에, 제3자도 그 스마트폰 소지자의 위치를 알 수 있다. 심지어 오프라인 매장은 스마트폰에서 나오는 신호를 이용해 매장 내 고객의 움직임을 기록하기까지 한다.

많은 기업이 이렇게 축적된 디지털 데이터를 분석하는 데 상당한 노력을 기울인다. 특히 웹사이트 방문자의 동선을 파악하고자 하는 전자상거래 업체가 이런 디지털 흔적을 분석하는 데 노력을 아끼지 않는다. 과거에는 전자상거래 업체가 대부분의 데이터를 폐기해버리고 매출 등 주요 데이터만 저장했다. 그러나 요즘은 많은 업체가 웹사이트 방문자와 관련된 모든 데이터를 저장하고 분석한다. 상대적으로 규모가 작은 웹사이트는 하루에 몇 **기가바이트**(GB)의 고객여정(customer journey) 데이터를 생산하지만 규모가 큰 웹사이트는 하루에 몇 **테라바이트**(TB)의 고객여정 데이터를 생산한다. 고객여정 데이터를 분석해 얻을 수 있는 혜택에 대해서는 나중에 다시 설명하도록 하겠다.

오프라인에서도 데이터가 생성된다. 전화통화를 하거나 가게, 거리, 공항이나 도로에 설치된 카메라를 지나칠 때도 데이터가 만들어진다. 보안회사와 첩보기관이 주로 이런 데이터를 소비하는데 그런 의미에서 데이터 스토리지의 최대 고객은 아마도 미국의 국가안보국(NSA, National Security Agency)일 것이다.

2014년 8월, NSA는 10~20억 달러의 비용을 들여 유타주의 블러프데일(Bluffdale)에 거대한 데이터 센터를 완공했다. 이 데이터 센터가 실제로 얼마나 많은 양의 데이터를 저장할 수 있는지는 공개되지 않았다. 다만 유타 주지사는 2012년 기자 회견에서 '**요타바이트**에 달하는 데이터를 수집하고 저장하는 세계 최초 데이터 센터가 될 것'이라고 밝힌 바 있다.

기계데이터와 사물인터넷

기계는 지치지 않고 데이터를 만들어낸다. 연결기기의 수가 빠르게 증가하고 있다. 5분 정도만 「시스코 비주얼 네트워킹 인덱스(Cisco's Visual Networking Index™)」를 들여다보면 깜짝 놀랄 사실을 알게 될 것이다. 이에 의하면 세계 IP 트래픽은 2020년까지 연간 **2제타바이트** 이상이 된다.

개인이 사용하는 휴대전화와 컴퓨터의 수는 이미 한계에 이르렀는지도 모른다. 그러나 이런 개인 장치에 연결되는 네트워크 프로세서는 계속 증가할 것이다. 센서와 프로세스로 이뤄진 이 거대한 네트워크가 바로 **사물인터넷**이다. 사물인터넷에는 가정에 설치된 스마트 에너지 미터기, 운전자를 보조하고 때때로 보험회사와 커뮤니케이션하는 센서 그리고 토양, 물, 동물이나 대기농도를 모니터하는 센서, 생산설비를 모니터하고 최적화하는 데 사용되는 디지털 통제시스템 등이 있다. 이런 장치가 2015년 약 50억 개였으나, 2020년이 되면 200~500억 개가 될 것으로 추정된다.

과학 연구

과학자들은 데이터 전송과 데이터 프로세싱 기술의 경계를 계속 넓히고 있다. 먼저 소립자 물리학에서 어떤 일이 일어나고 있는지를 살펴보자.

이 새로운 데이터는 다양한 기회를 제시하지만, 이렇게 엄청난 양의 데이터를 프로세싱하고 저장하는 데 드는 막대한 비용에 대해 먼저 살펴보도록 하자.

⚙️ 대형 강입자 충돌기(소립자 물리학)

2012년 7월 4일은 소립자 물리학의 역사적인 순간이었다. '신의 입자'로 알려진 힉스 보손(Higgs boson) 입자가 발견된 것이다. 40년간의 연구 끝에 과학자들은 대형 강입자 충돌기를 이용해서 이 입자를 마침내 확인했다. 사용된 대형 강입자 충돌기는 세계에서 가장 큰 기계다.[1-2](그림 1.2) 이 입자가속충돌기는 둘레가 17마일(27km)인 터널 안에 있다. 이 터널은 스위스와 프랑스 국경에 걸쳐 있다. 1억 5,000만 개의 센서가 초당 3,000만 번의 충돌을 통해 데이터를 전송한다. 이 데이터는 초당 수백 개의 관심 지점으로 걸러진다. 연간 총 데이터 흐름은 50PB에 이른다. 이것은 대략 500년 분량의 풀 HD 비디오 영상 데이터 용량과 맞먹는다. 이 대형 강입자 충돌기는 물리학에서 빅데이터 연구의 대표적인 상징이다.

〈그림 1.2〉 세계에서 가장 큰 기계[1-3]

🔩 스퀘어 킬로미터 어레이(천문학)

지구 반대편에는 오스트레일리아 스퀘어 킬로미터 어레이 패스파인더(ASKAP)가 있다. ASKAP는 지름 12m, 너비 4,000m²의 접시 안테나 36개로 구성된 전파 망원경이다.[1-4] 접시 안테나 36개 중 12개가 2016년 10월 가동됐다.[1-5] 접시 안테나 36개 전부 가동되면, 초당 7.5BT 이상의 데이터를 생산할 것으로 기대된다(초당 10개월 분량의 고화질 비디오 용량).[1-6] 과학자들은 여러 대륙에 걸쳐 ASKAP보다 100배 더 큰 스퀘어 킬로미터 어레이(SKA)를 만들 계획이다. 이것은 사상 단일 최대 데이터 수집 장치가 될 것이다.

디스크 기억장치의
비용 급락

컴퓨터 기억장치는 크게 두 가지다. 하드드라이브를 포함한 디스크 기억장치와 RAM. 디스크 기억장치는 책상 옆에 있는 파일 캐비닛이다. 공간은 넘치지만 정보를 저장하고 불러내는 데 시간이 걸린다. 반면 RAM은 책상이다. 저장 공간이 작은 대신, 위에 놓인 물건을 아주 빨리 집을 수 있다.

　빅데이터를 처리하는 데 중요한 이 두 가지 요소 중 디스크 기억

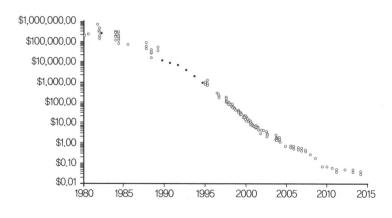

〈그림 1.3〉 GB당 디스크 기억장치의 비용 추이 (로그 스케일)[1-7]

장치는 점점 저렴해지고 있다. 덕분에 대부분의 데이터가 디스크 기억장치에 저장된다. 과거에는 디스크 기억장치의 비용이 데이터 보존을 제한하는 요인이었다. 1기가바이트(GB)의 하드드라이브가 1980년에 20만 달러였으니, 왜 그렇게 적은 양의 데이터를 저장했는지 이해가 가지 않는가. 이랬던 가격이 1990년에는 GB당 9천 달러로 떨어졌으며 2000년에는 무려 GB당 10달러까지 떨어졌다. 이것이 티핑 포인트 (tipping point, 급변점. 작은 변화가 일정 기간 쌓이면서 급격히 큰 영향을 초래할 수 있는 상태가 된 단계 -편집자주)였다. 2017년에는 GB당 하드디스크 비용이 3센트 미만까지 떨어지기에 이르렀다.(그림 1.3)

  기억장치의 비용 감소는 흥미로운 결과를 가져왔다. 시간을 들여서 데이터를 필터링하고 폐기하는 것보다 쓸모없는 데이터를 저장하는 것이 훨씬 저렴해졌다(컴퓨터에 삭제도 안 하고 그냥 저장된 중복 사진이 얼마나 많은가). 바로 희소한 자원을 관리하는 문제가, 차고 넘치는 데이터를 관리하는 문제로 대체된 것이다. 이 둘은 완전히 다른 문제다. 이 것은 비즈니스, 과학 그리고 의사결정이나 운영 방침을 정하는 데 디지털 데이터를 많이 활용하는 거의 대부분의 분야에 공통되는 이야 기다.

과거 온라인 기업은 극소량의 웹 데이터를 저장하고 나머지 데이터를 폐기했다. 이제는 검색결과, 스크롤 그리고 클릭까지 모든 데이터를 보관한다. 온라인 기업은 나중에 데이터가 유용해질 경우를 대비하여 전체 고객 방문을 재구성할 수 있도록 모든 데이터에 타임스탬프를 찍어서 저장한다.

그러나 대용량 하드드라이브는 여전히 비싼 가격대를 유지하고 있었다. 대다수의 기업은 많은 양의 데이터를 저장하기 위해 데이터를 전체적으로 처리해야 했기 때문에 저렴한 저용량 하드드라이브를 여럿 구입해서 쓰지 못하고 이런 대용량 하드드라이브를 필요로 했다 (벽돌은 여러 번에 걸쳐 승용차로 옮기면 되지만, 피아노 한 대를 옮기려면 트럭이 필요한 것과 같은 이치다). 저렴해진 하드드라이브를 충분히 활용하려면 중간 용량의 하드드라이브를 연결해서 하나의 커다란 하드드라이브처럼 사용할 방법을 찾아야만 했다.

구글 연구진은 이를 기회라 여기고 설루션(solution, 해법) 개발에 착수했다. 이 설루션이 결국 앞서 말한 하둡이 된다. 그들이 생각한 설루션은 저렴한 컴퓨터를 많이 연결해서 한 대의 슈퍼컴퓨터처럼 움직이도록 만드는 것이었다. 처음에는 디스크 기억장치를 이용했지만, 이내 비싼 대신 속도가 더 빠른 RAM으로 눈을 돌리게 된다.

RAM 비용의
급락

디스크 기억장치(하드드라이브)는 데이터를 보존하는 데 아주 유용하다. 그러나 속도가 느리고 컴퓨터 프로세서가 데이터를 읽고 기록하는 데 시간이 걸린다. 옆에 커다란 파일 캐비닛을 두고 작은 책상에서 업무를 처리하는 모습을 상상해보라. 책상이 작아서 서류를 둘 공간이 부족하다. 그래서 끊임없이 캐비닛에서 서류를 일일이 찾아서 보고 다시 집어넣는 일을 반복해야 한다. 이렇게 되면 더 큰 책상이 필요하다는 생각이 번쩍 들 것이다. RAM은 책상의 공간과 같다. 작업을 훨씬 빨리 처리해서 세계가 생산하고 있는 방대한 고속 데이터를 처리할 때 매우 유용하다. 하지만 RAM은 디스크 기억장치보다 훨씬 비싸다. 물론 RAM 비용도 떨어지는 추세였지만, 그 정도로는 부족했다.

다른 장치에 비해 RAM이 얼마나 더 비싼 기기였는지 한 번 알아보자. 1980년 1GB 하드드라이브는 20만 달러였다. 반면 1GB RAM은 무려 600만 달러였다. 2000년에 하드드라이브는 15달러 대에 가격이 형성되었고 확장성 있는 빅데이터 솔루션으로 활용될 수 있었다. 그러나 그때에도 1GB RAM은 1천 달러를 훌쩍 넘었고, 기업은 너무 비싼 가격에 RAM을 대용량 기억장치로 사용할 엄두조차 내지 못했다.(그림 1.4)

그러나 2010년에 들어와 RAM의 가격이 GB당 12달러로 떨어졌다. 이것은 2000년에 디스크 기억장치의 티핑 포인트가 되는 가격대였다. 이 시기에 버클리 연구소가 RAM을 기반으로 한 새로운 빅데이

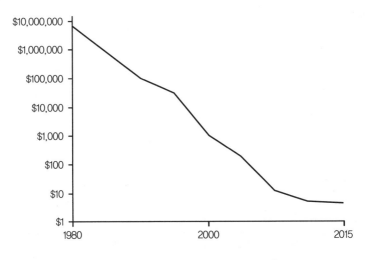

〈그림 1.4〉 GB당 RAM의 비용 추이 (로그 스케일)

터 프레임워크를 내놓았다. 스파크로 불리는 이 컴퓨팅 프레임워크는 다량의 RAM을 사용해서 하둡의 **맵리듀스** 프로세싱 모델보다 100배 빨리 빅데이터를 처리할 수 있었다.

프로세싱 파워 비용의 급락

컴퓨터 프로세싱의 비용도 급락하고 있다. 덕분에 저장 공간의 문제를 해결하고 수집하기 시작한 방대한 양의 새로운 데이터에서 가치를 뽑아낼 새로운 기회들이 생겨나고 있다.

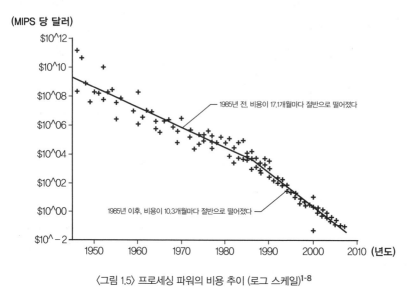

(MIPS 당 달러)

1985년 전, 비용이 17.1개월마다 절반으로 떨어졌다

1985년 이후, 비용이 10.3개월마다 절반으로 떨어졌다

〈그림 1.5〉 프로세싱 파워의 비용 추이 (로그 스케일)[1-8]

왜 빅데이터가
화두로 떠올랐나?

지난 15년 동안, 사람들은 빅데이터가 도전이 아닌 기회임을 깨닫게 되었다. 맥킨지의 2011년 보고서는 CEO들을 직접 겨냥해서 5가지 영역(헬스케어, 리테일, 제조업, 공공영역, 개인 위치 데이터)에서 빅데이터의 활용 가치를 자세히 설명했다. 이 보고서는 빅데이터가 핵심성과 지표를 60% 높일 것으로 예측했고 분야별로 수천억 달러의 부가가치가 창출될 것을 추정했다. 이로써 '빅데이터'란 용어는 전 세계적인 화두가 됐다. 변방 기술에서 기업의 스포트라이트를 한 몸에 받는 기술로 거듭난 것이다.

많은 사람들이 제대로 알지도 못하면서 빅데이터에 대해 유행처럼 떠들어 댔다. 결과적으로 사람들은 빠르게 빅데이터란 단어에 지루함을 느끼기 시작했다. 어느새 빅데이터는 기본적인 개념으로 자리 잡았고 2012년 **가트너 하이프 사이클**에 빅데이터를 포함시켰던 가트너는 2015년 보고서에는 이를 완전히 삭제했다. 이것은 빅데이터가 단순히 '데이터'로 불려도 무방할 정도로 기본적인 개념이 되었음을 인정하는 것과 다름없었다.

이제 많은 기업이 빅데이터에 의지하고 있다. 그러나 왜 빅데이터가 이토록 광범위하게 채택됐을까?

- 구글과 야후 같은 얼리어답터(early adopter)들은 위험을 감수하고 하드웨어와 소프트웨어 개발에 상당한 투자를 했다. 이들은 다른 기업이 빅데이터를 활용할 수 있도록 길을 닦았으며 빅데이터의 상업적인 성공을 시연하고 컴퓨터 코드를 공유했다.
- 얼리어답터의 뒤를 이은 기업이 가장 어려운 일의 대부분을 도맡았다. 그들은 얼리어답터의 사례를 타산지석으로 삼았고 일부 공유 코드를 활용할 수 있었다. 그럼에도 불구하고 하드웨어에 거액의 투자를 해야 했으며 내부적으로 상당한 전문성을 개발할 필요가 있었다.

이들 덕분에 오늘날에는 거의 모든 조직이 빅데이터를 활용할 수 있도록 도움이 되는 롤모델과 툴이 풍부하게 공급되었다.

그럼 빅데이터를 활용하는 길고 힘든 여정에서 우리에게 영감을

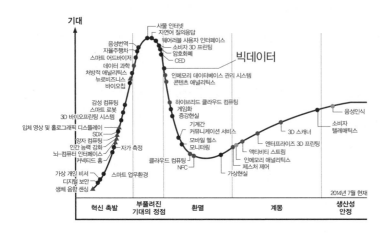

〈그림 1.6〉 2014년 가트너 신기술 하이프 사이클

불어넣었던 일부 롤모델을 살펴보자.

성공한 빅데이터
개척자들

구글의 첫 번째 사훈은 '이 세상에 존재하는 정보를 체계화하여 보편적 접근이 가능하고 유용하게 만드는 것'이다. 구글이 빅데이터에 관한 연구를 시작한 지 8년 뒤 구글의 기업가치가 2,300만 달러가 된 것은 빅데이터를 완전히 이해하고 활용한다는 것이 어떤 의미인지를 전 세계에 똑똑히 보여줬다.

하둡의 기초가 되는 2003년 보고서를 발표했던 것도 구글이었다. 2006년 1월 야후는 시스템에 하둡을 도입하기로 결정했다.[2] 당시에는 야후도 잘 해나가고 있었다. 야후 주가는 서서히 올라 이전 5년 대비 3배까지 증가했다.

야후가 하둡을 실행할 무렵, 이베이는 고객 여정 데이터의 속도와 양을 처리할 방법을 찾고 있었다. 2002년 이후, 이베이는 보고 및 애널리틱스에 **대량병렬처리**(MPP) 테라데이터 데이터베이스를 활용했다. 이 시스템은 아주 잘 작동했지만 전체 웹로그를 저장하기에는 너무 비쌌다.

이베이 인프라스트럭처(infrastructure)팀은 여러 기술을 결합하여 수십 페타바이트의 데이터를 저장하고 분석할 수 있는 설루션을 개발하려고 노력했다. 이 설루션 덕분에 이베이는 고객에 대하여 보다 자세한 통찰을 얻을 수 있었다. 이베이가 개발한 설루션은 플랫폼 개발에서 중요한 역할을 했고, 그 결과는 매출 증가로 직접 나타났다.

오픈소스 소프트웨어가 소프트웨어 개발자들에게 공정한 경쟁의 장을 마련해줬다

컴퓨터는 점점 저렴해졌지만, 빅데이터를 처리하려면 조화롭게 작동하도록 프로그래밍을 해야 했다(한 대의 트럭을 사용하는 대신, 작은 승용차

---

2   White, T. 저(2015년) Hadoop: The Definitive Guide, 4th edition. O'Reilly
     Media, Sebastopol, CA, USA.

여러 대를 연결해서 피아노를 옮기는 것과 유사한 이치다). 기본적인 기능을 프로그래밍할 코드와 보다 구체적인 임무를 프로그래밍할 코드가 필요했다. 이것은 모든 빅데이터 프로젝트에 장애물이었다. 여기서 오픈소스 소프트웨어가 중요한 역할을 하게 된다.

오픈소스 소프트웨어는 누구나 자유롭게 사용하고 조작할 수 있도록 만들어진 소프트웨어다(물론 몇몇 제약은 있다). 하둡과 같은 빅데이터 소프트웨어는 오픈소스 소프트웨어이기 때문에, 전 세계 소프트웨어 개발자들이 전문성을 공유하고 서로의 코드를 이용하고 수정할 수 있었다.

하둡은 소스 코드가 공개된 빅데이터 툴 중 하나다. 2017년을 기준으로 빅데이터나 하둡과 관련된 프로젝트가 **아파치 소프트웨어 재단**에만 대략 100개에 달한다(아파치 소프트웨어 재단에 대해서는 뒤에서 더 자세히 살펴보도록 하겠다). 각각의 프로젝트는 새로운 도전을 해결하거나 오래된 문제를 새로운 방식으로 해결한다.

예를 들어, 아파치 **하이브**는 기업이 하둡을 대형 데이터베이스로 활용하도록 하고 아파치 **카프카**는 기계 간 메시징 시스템 역할을 한다. 새로운 프로젝트가 계속해서 아파치에 발표되고 있다. 각각의 프로젝트는 구체적인 요구를 해결하고 나아가 후발주자의 빅데이터 생태계 진입장벽을 낮췄다.

> **· 기억해두기 ·**
>
> 빅데이터에서 가치를 추출하는 데 필요한 기술의 대부분은 이미 개발되어 있다. 이제 막 빅데이터 생태계에 입문했다면, 기존의 기술을 최대한 많이 활용해봐라.

저렴한 하드웨어와 오픈소스 소프트웨어가 여러 분야에서 빅데이터 진입장벽을 낮췄다. 그러나 빅데이터 시스템을 구축하기 위해 컴퓨터를 구입하고 설치하는 것은 비싸고 복잡하며 위험이 따르는 작업이었다. 그리고 기업은 빅데이터를 처리하기 위해 얼마나 많은 하드웨어를 구입해야 하는지도 몰랐다. 그래서 그들에게 필요한 것은 장기투자를 하지 않고 컴퓨팅 자원에 접근하는 방법이었다.

클라우드 컴퓨팅이
빅데이터 이니셔티브의 추진을 촉진했다

기본적으로 **클라우드 컴퓨팅**(cloud computing)은 외부 컴퓨터 전부 또는 일부분을 임대하는 것이다. 많은 기업이 AWS, 애저, 구글 클라우드 또는 현지 업체 등 하나 이상의 **공공 클라우드** 서비스를 이용하고 있다. 일부 기업은 사업부가 필요하면 언제든지 사용할 수 있도록 내부 컴퓨팅 리소스로 구성된 **사설 클라우드**를 보유하고 있다. 사설 클라우드는 공용 자원을 효율적으로 사용할 수 있도록 한다.

클라우드 컴퓨팅은 하드웨어나 소프트웨어 설루션을 제공한다. **세일즈포스**(Salesforce)는 1999년 클라우드 컴퓨팅의 일종인 서비스로서의 소프트웨어(SaaS)로 시작했다. 아마존웹서비스(AWS)는 2006년 서비스로서의 인프라스트럭처(IaaS)를 시작했다. 처음에는 기억장치를 임대해주었고 몇 달 뒤에는 전체 서버를 임대해줬다. 마이크로소프트는 2010년 클라우드 컴퓨팅 플랫폼인 애저를, 구글은 2011년 구글 클라우드를 출시했다.

　클라우드 컴퓨팅은 컴퓨팅과 기억장치가 얼마나 필요한지 확실히 모르는 기업의 가려운 곳을 긁어줬다. 기업은 클라우드 컴퓨팅 덕분에 대규모 자본 지출 없이 빅데이터 이니셔티브를 시작하고 규모도 즉시 조정할 수 있었다. 그뿐만 아니라 빅데이터 인프라스트럭처 비용을 **설비투자**에서 **운영비**로 전환할 수 있었다.

　클라우드 컴퓨팅의 비용이 하락하고 보다 빠른 네트워크가 원거리 기계를 매끄럽게 통합하기 시작했다. 그리고 무엇보다도 클라우드 컴퓨팅은 빅데이터의 특징에 '민첩성'이란 요소를 하나 더 추가했다. 기업은 클라우드 컴퓨팅 덕분에 비용을 들이고 장기투자를 하고 전용 컴퓨터를 구매하기 위해서 기다릴 필요 없이 빅데이터 이니셔티브를 시작하고 필요에 따라 규모를 변경할 수 있게 되었다.

　확장 가능한 데이터 기억장치와 컴퓨터 파워가 갖춰지면서, 연구원들은 1960년대와 1980년대 거론되었던 기술을 다시 논의할 수 있게 되었다. 바로 인공지능이다.

| 핵심정리 |

- 현대 기술은 과거보다 훨씬 더 많은 데이터를 생산하는 툴을 만들어냈다.
- 디지털 기억장치 비용의 급격한 하락으로 우리는 사실상 데이터를 무제한으로 저장할 수 있다.
- 기술 개척자들은 데이터에서 상당한 비즈니스 가치를 뽑아내는 소프트웨어를 개발하고 공유한다.

| 생각해보기 |

- 동종업계는 빅데이터 기술을 어떻게 활용하고 있나? 경쟁업체뿐만 아니라 타 업계는 빅데이터 기술을 어떻게 활용하나?
- 원하는 대로 데이터를 저장하고 분석할 수 있다면 어떤 데이터가 유용할까? 웹사이트의 트래픽, 오디오와 비디오 녹음 또는 센서 정보 등을 생각해보아라.
- 빅데이터의 활용에 있어서 가장 큰 장애물은 무엇인가? 기술인가, 보유 기술 역량인가 아니면 활용사례인가?

| QR코드 |

1-1

1-2

1-3

1-4

1-5

1-6

1-7

1-8

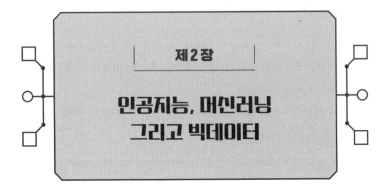

제2장

인공지능, 머신러닝 그리고 빅데이터

1997년 5월 11일 딥블루가 새로운 역사를 썼다. 체스 챔피언 가리 카스파로프(Garry Kasparov)를 뉴욕에서 꺾은 것이다. 완전하지 않은 컴퓨팅 파워를 지닌 딥블루는 미리 프로그래밍된 체스 룰에 따라 초당 2억 가지의 수를 읽어냈다. 그러나 프로그래머들은 시합 사이에 딥블루의 프로그램을 끊임없이 조정해야만 했다. 세기의 체스 시합에서 승리했음에도 딥블루는 곧 해체됐다. 컴퓨터가 기본 연산 작업이나 바둑 등 복잡한 게임에서 인간을 완전히 이기기엔 당시로서는 갈 길이 아직 멀었었다. 특히 바둑은 우주의 원자보다 더 많은 경우의 수를 가지고 있는 복잡한 게임이다(그림 2.1).

딥블루와 가리 카스파로프의 체스 시합으로부터 19년 뒤, 서울에서 기계와 인간의 세기의 바둑 대결이 벌어졌고 알파고가 이세돌

〈그림 2.1〉 바둑

9단에 승리를 거두었다. 이것은 지난 19년 동안 인공지능이 단순히 발전만 한 것이 아니라 기술 자체가 근본적으로 달라졌다는 방증이었다. 딥블루는 프로그래머의 추가 지시와 개선된 프로세서가 있어야 체스를 둘 수 있었다. 그러나 알파고는 스스로 학습했다. 알파고는 먼저 전문가의 움직임을 학습하고 혼자 바둑을 두면서 연습했다. 심지어 알파고는 개발자들이 논리적으로 설명하지 못하는 수를 놓기도 했다. 알파고가 스스로 학습해서 그런 수를 둔 것이었다.

인공지능과 머신러닝은
무엇인가?

인공지능은 환경에 지능적으로 대응하는 기계 시스템을 이르는 광범위한 용어다. 사람들은 애플의 쉬리, 아마존의 알렉사, 자율주행차, 온라인 챗봇 그리고 게임 속 인공지능과 상호작용한다. 인공지능은 우리가 미처 알지 못하는 곳에서 도움을 주기도 한다. 이메일 수신함에서 스팸메일을 걸러내고 틀린 철자를 교정하고 소셜미디어 피드 상단에 오를 포스트를 결정한다. 이 외에도 이미지 인식, 자연어처리, 의료진단, 로봇 움직임, 사기 감지 등 다양한 분야에 활용되고 있다.

　머신러닝은 기계가 스스로 자신의 퍼포먼스를 계속 개선하는 것을 일컫는다. 심지어 개발자가 프로그래밍을 중단해도 기계는 스스로 학습한다. 머신러닝 덕분에 인공지능이 스스로 퍼포먼스를 개선할 수 있다. 특히 학습 데이터가 풍부할수록 머신러닝을 하는 인공지능의 퍼포먼스가 좋아진다. 딥블루는 규칙에 따라 작동했다. 다시 말해 딥블루는 머신러닝을 못 하는 인공지능이었다. 반면 머신러닝이 가능한 알파고는 전문가의 움직임으로 구성된 대규모 데이터 세트를 학습하고 복기(復棋)하면서 바둑 실력을 스스로 쌓았다. 데이터의 양이 증가하면서 머신러닝 기법이 개선되었고 지금의 빅데이터 역시 머신러닝 강화에 일조하고 있다. 이 책에서는 오늘날 각종 헤드라인을 장식하고 있는 인공지능의 활용사례를 살펴볼 것이다.

인공지능의
기원

과학자들은 1950년대 이후 계속 인공지능을 개발하려고 애썼다. 오늘날 사용되는 많은 인공지능 프로그램은 개발된 지 수십 년이 지난 것들이다. 그것들은 MIT의 마빈 민스키(Marvin Minsky)와 스탠포드의 존맥카시(John McCarthy)의 연구실에서 개발된 자기학습 **알고리즘**에서 나왔다. 인공지능과 머신러닝을 개발하면서 과학자들은 시작부터 여러 차례 실패를 경험했다. 과학자들은 인공지능과 머신러닝에 높은 기대를 품고 있었지만, 컴퓨터의 컴퓨팅 파워는 제한적이었고 초기 결과는 실망스러웠다. 1970년대 초 첫 번째 '인공지능의 혹한기'가 시작됐고 이는 거의 10년 동안 지속됐다.

인공지능에 대한 열정은 1980년대 되살아났다. 특히 산업에서 **전문가 시스템**이 성공한 이후 인공지능 개발이 다시 활발해졌다. 미국, 영국 그리고 일본 정부는 대학과 정부 연구기관에 수억 달러에 이르는 자금을 쏟아부었고, 기업도 사내 인공지능부서에 비슷한 규모로 투자를 했다. 하드웨어와 소프트웨어 업계가 성장하면서 인공지능 개발에 힘을 실었다. 그러나 얼마 지나지 않아, 인공지능 거품은 다시 가라앉았다. 인공지능 개발을 지원하던 하드웨어 시장이 붕괴했고, 전문가 시스템은 유지하기에 너무 비쌌다. 인공지능 개발에 들인 대규모 투자의 결과는 또 다시 실망으로 다가왔다. 1987년 미국 정부는 인공지능 개발지원금을 대폭 삭감했다. 이로써 두 번째 인공지능의 혹한기가 시작됐다.

왜 최근 인공지능이
다시 떠오르는 걸까?

인공지능 개발의 추진력은 1990년대 중반 되살아났다. 부분적으로 슈퍼컴퓨터의 컴퓨팅 파워가 강화된 덕분이기도 했다. 1997년 딥블루가 승리한 체스 시합은 사실 재시합이었다. 불과 15개월 전에 있었던 시합에서는 딥블루가 졌다. 첫 시합에서 딥블루가 패배한 뒤, IBM은 딥블루의 하드웨어를 대대적으로 업그레이드했다.[21] 프로세싱 파워가 2배 증가된 딥블루는 무자비한 연산력을 이용해 재시합에서 승리했다. 당시 딥블루에는 전문화된 하드웨어를 사용했고 그 활용분야가 매우 한정적이었다. 하지만 딥블루는 인공지능의 프로세싱 파워가 어디까지 향상될 수 있는지를 사람들에게 보여줬다.

다음의 두 가지 측면에서 빅데이터가 인공지능 개발에 더 큰 힘을 실어줬다고 할 수 있다.

1. 머신러닝에 사용할 수 있는 방대한 양의 데이터가 축적되기 시작했다.
2.. 일반 컴퓨터를 슈퍼컴퓨터의 프로세싱 파워에 연동시키는 소프트웨어가 개발됐다.

하드웨어가 저렴해지면서 머신러닝의 성능은 더욱 강력해졌다. 그리고 머신러닝에 활용할 엄청난 양의 학습 데이터가 쌓였다. 현재 수만 가지 기계에 머신러닝이 활용되고 있는 것만 봐도 그 규모를 가늠할 수 있다.

요즘 가장 많이 사용되는 머신러닝 기법은 **인공신경망**(ANN)이다. 최근 머신러닝이 더 넓고 더 깊은 네트워크로 확장되면서 딥러닝이란 용어까지 등장했다. 이 딥러닝이 2016년 알파고의 승리에 기여했다.

인공신경망과
딥러닝

인공신경망은 1950년대부터 쭉 존재했었다. 인공신경망은 아주 간단한 구성요소의 집합체로 이뤄진 거대한 네트워크다. 각 구성요소는 기본적인 연산을 수행한다. 하지만 전체 네트워크는 '학습'을 시키면 사진에 라벨을 달고 문서를 해석하고 차를 운전하고 게임을 하는 등 복잡한 작업을 지원할 수 있다. 그림 는 인공신경망 아키텍처다.

　　이 네트워크는 동물 뇌의 뉴런들과 비슷하게 생겼다. 이런 이유로 이 네트워크는 인공신경망이라 불린다. 인공신경망은 사람 뇌의 시각 피질의 첫 번째 층과 유사한 방식으로 패턴을 인식한다. 그러나 인지 사고까지 처리하는 사람 뇌의 영역과는 비교할 수가 없다. 인공신경망을 구축할 때 어려운 부분은 기본 구성요소에 적당한 네트워크 모델

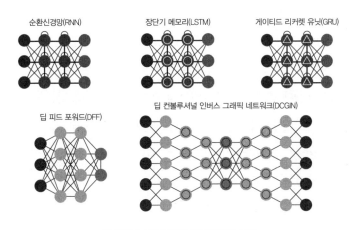

〈그림 2.2〉 인공신경망 아키텍처의 사례

(아키텍처)을 선택하고 목표작업을 수행하기 위해서 네트워크를 학습시키는 것이다.

학습된 모델이 컴퓨터, 스마트폰 또는 생산설비에 내장된 칩으로 전송된다. 버클리 비전 랩이 개발한 카페(CAFFE), 구글에서 개발해 2015년 9월 아파치에 공개한 텐서플로(TensorFlow), 테아노 등 인공신경망의 구축 및 학습과 전송 속도를 높여주는 툴의 수가 늘어나고 있다.

인공신경망을 '학습시키려면' 라벨이 달린 수백만 개의 학습자료가 필요하다. 예를 들어 인공신경망이 동물을 인식하도록 만들기 위해서는 이름이 적힌 동물 사진 수백만 장을 보여줘야 한다. 모든 것이 문제없이 잘 진행되면, 학습된 인공신경망은 이름표가 없는 사진 속 동물을 인지할 수 있게 된다. 학습하는 동안 인공신경망의 네트워크 자체가 변하는 것은 아니다. 다만 인공신경망의 '뉴런들'을 연결하는 다양한 힘이 조정되어 학습모델을 개선한다.

더 크고 더 복잡한 인공신경망은 더 정확한 학습모델을 만들어 낼 수 있다. 그러나 학습하는 데 더 오랜 시간이 소요된다. 그리고 인공지능은 학습을 거듭할수록 네트워크 층이 더 깊어진다. 이런 현상을 '딥러닝'이라 부른다. 딥러닝에는 빅데이터 기술이 필요하다.

인공신경망을 이용하면 광범위한 문제를 해결할 수 있다. 빅데이터가 등장하기 전이라면, 과학자들은 인공신경망을 '어떤 문제를 해결하는 차선책' 정도로 생각했을 것이다. 그러나 빅데이터의 등장으로 상황이 변했다. 인공신경망은 어떤 문제를 해결하는 최고의 설루션이다. 구글은 이미지 인식, 언어 해석 그리고 스팸 필터링을 개선하고 2015년 랭크브레인을 도입하면서 인공신경망을 핵심 검색기능에 첨가했다. 검색 신경망인 랭크브레인은 검색 결과의 순서를 결정하는 구글의 시스템을 획기적으로 개선했다. 구글에 따르면, 이런 기능은 검색 결과의 순서를 결정하는 수백 개의 요소 중 세 번째로 중요한 요소이다.[2-2]

사·례·연·구

🌟 세계 최대 이미지 인식 기술 경진대회

이미지넷 대용량 이미지 인식 경진대회(ILSVRC)는 이미지 인식 기술의 월드컵이다. 전 세계 연구팀들이 출전하여 1,400만 개의 이미지에 라벨을 붙이는 머신러닝 프로그램을 구축한다. 인공신경망이 2012년 처음 우승했다. 아주 인상적인 승리였다. 머신러닝 알고리즘에서 가장 낮은 분류 오류율은 26%였지만, 인공신경망은 겨우 15%의 분류 오류율을 기록했다.

인공신경망은 모든 하위 부문을 석권했다. 2014년 구글넷 프로그램은 수백만 개의 인공 뉴런으로 구성된 22개 층의 인공신경망을 이용하여 겨우 6.7%의 분류 오류율을 기록하며 우승했다. 동물 뇌의 뉴런 수와 비교하면, 구글넷의 인공신경망은 꿀벌 뇌의 뉴런 수보다는 조금 많고 개구리 뇌의 뉴런 수보다는 적은 정도였다.

2016년 우승한 머신러닝 알고리즘은 269층의 인공신경망과 함께 인공지능 방식의 **앙상블**을 사용하여 분류 오류율을 3% 미만으로 줄였다(2014년 우승한 알고리즘 층수의 10배).

어떻게 인공지능이
빅데이터 분석을 도울까?

대부분의 빅데이터는 이미지, 문서 그리고 웹로그 등 **비구조적 데이터**다. 우리는 이런 데이터를 정제하지 않은 형태로 저장하고 필요할 때 자세한 정보를 추출해낸다.

많은 전통적인 분석모델에 나이, 성별, 주소 등의 필드로 구성된 구조화된 데이터가 활용된다. 분석모델을 개선하기 위해 방문 시 평균 지출액이나 마지막 구매일자 등과 같은 부수적인 데이터 필드를 추가하는데 이것이 **특징 추출**이라 알려진 프로세스다.

데이터를 분석할 때 미리 특징을 지정해줄 필요가 없는 인공지능은 분명하게 정의된 특징이 없는 데이터를 분석하는 데 특히 유용하다. 예를 들어, 특징 선택이 필요 없는 인공지능은 고양이 얼굴, 고양이 귀 또는 고양이 수염과 같은 개념을 몰라도 고양이 사진만을 학습시키면 모든 사진에서 고양이를 찾아낼 수 있다.

경고

오래전부터 과학자들은 인공지능 개발에 열정적이었지만, 이들 인공지능은 특정한 업무를 잘하도록 데이터를 입력해 훈련하는 '좁은 인공지능(narrow AI)'이었다. 각각의 인공지능은 처음부터 정해진 특정 용도를 위해서 설계되고 학습된다. 딥러닝은 좁은 인공지능을 미세하게나마 개선했지만 '완전한 인공지능(full AI)'을 개발하기 위해서는 더욱 많은 분석 툴이 필요하다.

뉴욕 대학교 심리학과 교수이면서 우버(Uber)가 인수한 지오메트릭 인텔리전스의 공동 설립자이기도 한 게리 마커스(Garry Marcus)는 딥러닝의 근본적인 문제를 다음 3가지로 정리했다.[2-3]

1. 항상 기이한 결과가 나올 수 있다. 특히 학습 데이터가 부족하면 기이한 결과가 나올 가능성이 높아진다. 예를 들어 인공지능이 놀라울 정도로 정확하게 이미지를 인식하고 있지만, 그림 2.3처럼 전혀 엉뚱한 라벨을 붙이기도 한다.

〈그림 2.3〉 인공지능 실패 사례[2-4]
인공지능은 이 사진을 음식과 음료로 가득한 냉장고로 인식한다.

〈그림 2.4〉 개일까 타조일까?

그림 2.4는 어떤가? 과학자들은 왼쪽 사진 속 강아지를 오른쪽 사진 속 강아지처럼 사람은 눈치채지 못할 정도로 아주 미묘하게 변경했다. 이 사진으로 과학자들은 2012년 최고의 인공지능 프로그램을 오른쪽 사진 속 강아지를 타조로 인식하도록 속였다.[2-5]

2. 딥러닝 프로그램을 조작하는 것은 매우 어렵다. 딥러닝 프로그램에서 오류를 검출하여 제거하고 점진적으로 수정하고 확인하는 것은 어려운 작업이다.

3. 언어 이해나 인과관계추론 부분에서는 이렇다 할 진전이 없다. 인공지능 프로그램은 사진에서 사람과 차를 구별해낼 수 있다. 하지만 인공지능은 '이봐, 어떻게 저 사람은 머리에 차를 이고 있을 수 있지?'라고 궁금해하지 않는다.

· 기억해두기 ·

인공지능은 여전히 확실한 목표가 있는 작업을 처리하는 데만 제한적으로 사용된다. 그러므로 활용분야가 달라질 때마다, 그 활용분야에 맞춰서 설계되고 학습된 인공지능이 필요하다.

인공지능을 학습시킬 때는 라벨이 달린 방대한 데이터가 반드시 필요하다. 충분하게 학습되지 않은 인공지능은 실수를 할 가능성이 크다. 이미 자율주행차가 드문 (예를 들어, 학습되지 않은) 조건에서 치명적인 오류를 일으키는 사례가 목격되었다. 이렇게 인공지능이 오류를 일으키면, 사람들은 이를 그냥 두고 넘어가지 않는다.

그래서 인공지능에는 가치 시스템이 필요하다. 즉, 자율주행차에 탑재된 인공지능은 사람을 치는 것이 도로를 벗어나는 것보다 더 나쁜 일임을 알아야 한다. 그리고 상업 시스템은 고객 만족과 매출과 리스크 감소의 균형을 유지할 수 있어야 한다.

인공지능은 의료분야에서도 활용된다. 여기에는 가능성과 잠재적 위험이 동시에 존재한다. 임페리얼 칼리지 런던 팀은 최근 폐고혈압을 진단하는 인공지능을 개발했다. 진단 정확도는 무려 80%였다. 심장 전문의의 진단 정확도가 60%인 점을 감안하면 이것은 아주 높은 수치이다. 그러나 인공지능이 의료분야에 활용되면서, 복잡한 문제도 생겨났다. 이것은 후반부에서 살펴보자.[2-6]

지난 몇 년 동안, 인공지능 활용사례가 신문을 도배했다. 아마 앞으로도 유사한 기사가 계속 쏟아져 나올 것이다. 제8장에서 기업이 안고 있는 문제 해결에 적합한 **분석모델** 선택법을 설명하면서 인공지능에 대해 더 자세히 살펴볼 예정이다. 인공지능은 많은 분석 툴 중 하나일 뿐이며 활용범위는 여전히 제한적이다. 이제 한걸음 물러서서 다양한 툴로 광범위한 분야에 빅데이터를 활용할 때 새로운 가치가 어떻게 창출될 수 있는지 알아보자.

│ 핵심정리 │

- 60년 동안 인공지능에 관한 연구가 활발하게 진행됐지만 두 번의 혹한기를 거치며 고난을 경험해야 했다.
- 대부분의 인공지능은 머신러닝과 관련이 있다. 머신러닝은 기계가 프로그래머가 입력한 명료한 지시를 따르는 대신, 사례를 보면서 스스로 학습하는 기술이다.
- 빅데이터는 머신러닝의 발전을 촉진하는 천연 촉매제다.
- 딥러닝은 인공신경망이 발전한 기술로 오늘날 인공지능에 많이 활용된다.
- 인공지능은 활용범위가 제한적이고 언제든지 비직관적인 오류를 일으킬 수 있다.

│ 생각해보기 │

- 학습 데이터로 활용이 가능한 라벨 달린 데이터는 어디에 많은가? 이런 데이터는 사진, 문서 등에서 패턴을 인식하거나 기존 행위를 근거로 고객의 다음 행위를 예측하는 머신러닝에 활용할 수 있다.
- 조직 내부적으로 인공지능 프로젝트를 이미 시작했다면, 비용 대비 추정 **투자수익률(ROI)**은 어느 정도인가? 프로젝트 성공확률을 ROI와 곱해서 나온 수치가 추정 비용보다 커야만 한다.

│ QR코드 │

2 - 1

2 - 2

2 - 3

2 - 4

2 - 5

2 - 6

제 3 장

빅데이터는 왜 유용한가

"아마존은 고객의 취향에 꼭 맞는 제품을 추천한다. 검색을 조정하고 이용자가 필요한 것을 찾을 수 있도록 돕는 빅데이터가 있기에 가능한 일이다. 빅데이터가 웹과 모바일을 똑똑하게 만든다."

– 그레그 린덴(Greg Linden), 아마존의 선구적인 데이터 과학자 [3-1]

빅데이터 생태계가 데이터 활용방식과 활용분야 그리고 데이터에 대한 우리의 생각을 근본적으로 바꾸고 있다.

데이터를 활용하는
완전히 새로운 방법

빅데이터가 없었다면 불가능했을 일들이 현재 벌어지고 있다. 빅데이터가 오락을 위해 사용되는 경우도 있지만, 동시에 과학과 헬스케어를 이해하는 토대를 마련하기도 한다.

2012년 과학자들이 세른(CERN, Conseil Européenne pour la Recherche Nucléaire, 유럽 입자물리 연구소 -편집자주)의 거대한 연구 설비를 이용해 힉스 보손 입자를 발견했다. 이것 역시 빅데이터가 있어서 가능했던 일이다. 천문학자들은 빅데이터를 이용하여 엄청난 크기의 망원경을 작동한다. 빅데이터는 암 연구를 수십 년 앞당기기도 했다.[3-2]

학습 데이터의 양과 빅데이터 처리기술은 인공지능에 새 생명을 불어넣었다. 컴퓨터가 게임쇼 '제퍼디'에서 우승하고(IBM 왓슨), 아주 복잡한 게임을 완전히 익히고(딥마인드 알파고), 전문 속기사보다 사람의 발언을 더 잘 인식한다(마이크로소프트 리서치).[3-3]

검색 엔진은 다양한 빅데이터 툴을 이용하여 수백만 개의 소스에서 적절한 결과를 찾아낸다. 심지어 중형 전자상거래 웹사이트도 **솔라** 또는 **엘라스틱 서치**와 같은 빅데이터 툴을 이용해서 재고목록에서 적절한 결과를 찾아낸다. 데이터가 폭발적으로 증가하기 전에도 데이터와 애널리틱스는 아주 유용했다. 그러므로 '스몰데이터(small data)'는 앞으로도 계속 귀중하게 사용될 것이다. 그러나 빅데이터 툴만이 해결할 수 있는 문제가 있으며, 그 외의 문제 역시 빅데이터 툴을 활용하면 더 쉽게 해결할 수 있다.

데이터에 대한
새로운 시각

빅데이터가 데이터의 패러다임을 바꾸고 있다. 그동안 과학자들은 기억장치의 한정된 저장 공간을 배분해서 사용했고 잠재적 가치를 지니고 있는 데이터를 폐기했다. 그러나 이제 빅데이터 덕분에 우리는 모든 데이터를 보관하고 이전보다 유용하게 활용하고 있다. 우리는 향후에 발생할 수 있는 문제와 활용 분야에 대비해서 **데이터 레이크**(data lake)에 가공되지 않은 데이터를 저장한다.

예를 들어 내가 한 달 동안 본 테슬라 자동차의 수를 헤아려보기로 했다고 치자. 한 달 뒤, 원하던 수치를 얻었다. 그런데 누군가가 자동차를 본 시간대나 색상, 또는 다른 차종에 대한 추가적인 정보를 물어왔다. 이 질문에 대답하기 위해 나는 또 다시 한 달을 들여 데이터를 모아야만 할 것이다.

그러나 내가 처음 한 달 동안 비디오 카메라로 모든 것을 기록해두었다면? 나는 이미 이 새로운 질문에 대한 답을 가지고 있기에 바로 대답할 수 있을 것이다.

데이터 중심의
접근

에드워드 데밍(W. Edward Deming)은 1950년대 일본 산업을 다시 활성화하려고 노력했던 미국의 엔지니어다. 그는 자주 '우리는 신을 믿는다. 다른 모든 것들은 데이터를 만들어낸다'라고 말했다.

리더의 직감을 충실히 따르거나 해오던 관행을 그대로 고수하는 기업이 있다. 반면 데이터 중심의 기업은 의사결정을 내리고 성과를 평가할 때 데이터에 집중한다.

1990년대 빌 브래튼(Bill Bratton)은 뉴욕 경찰국을 이끄는 데 데이터를 적극 활용했다. 그는 뉴욕시의 범죄율을 낮추기 위해서 콤프스탯(compstat) 시스템을 도입했다.[3-4]

실제로 모든 조직은 직관, 습관 그리고 데이터를 동시에 활용한다. 데이터를 중심으로 조직을 운영하면 데이터가 직관을 보완하고, 새로운 분석 툴이 개발되며, 데이터를 분석할 역량을 갖춘 인재가 필요하게 된다.

데이터 통찰

스스로 세운 가정에 이의를 제기하고 그 가정을 뒷받침할 데이터를 찾아볼 필요가 있다. 예를 들어, 정기 프로모션이 매출 증가에 도움이 되는지 아니면 손실만 가져오는지를 보여주는 데이터를 찾아보자. 바뀐 제품 진열에 고객들이 어떻게 반응하는지 살펴보자.

고객이 재방문을 한다면, 또는 재방문을 하지 않는다면 그 이유가 무엇인지도 살펴봐야 한다. 이 모든 것은 데이터를 통해 얻을 수 있는 통찰이다.

🔩 테스코 클럽카드

처음부터 데이터를 기반으로 한 조직도 있지만 그렇지 않은 조
직은 데이터 혁신을 경험하게 된다. 영국 대형 리테일러 테스코
는 외부 분석가들의 도움으로 데이터를 고객 관계와 마케팅에
적용해 큰 성공을 거뒀다. 이때 활용한 데이터는 테스코 클럽카
드에서 얻었다. 이안 맥로린(Ian MacLaurin) 테스코 회장은 분
석가들의 통찰력에 감탄하며 "30년 있었던 나보다 3개월 있었
던 당신들이 고객에 대해 더 많은 것을 알고 있다"라고 말했다.
그림 3.1[3-5]에서 보듯,[1] 이 데이터 기반 성장 시기에 테스코의 시
장 점유율은 1994년 18%에서 2000년 25%로 증가했다. 테스
코 경영진은 이 시기에 모든 의사결정은 데이터를 기반으로 이
뤄졌다고 말했다. 이러한 의사결정은 대담한 이니셔티브를 시작
할 위험을 낮추고 테스코에 아주 분명한 방향을 제시했다.

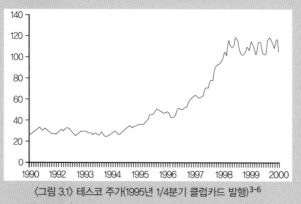

〈그림 3.1〉 테스코 주가(1995년 1/4분기 클럽카드 발행)[3-6]

---

1   Humby, C., Hunt, T. / Phillips, T. 공저 (2007) Scoring Points:
How Tesco Continues to Win Customer Loyalty, 2nd edition. Kogan
Page Ltd, London, Table 5.1.

분석

데이터에서 저절로 나오는 통찰이 있는 반면, 예측하거나 상관관계를 파악하기 위해 통계치를 활용하고 데이터를 깊이 분석해야 얻을 수 있는 통찰도 있다. 다음은 데이터를 분석하여 통찰을 얻은 사례다.

타깃과 테스코는 요즘 기준으로 빅데이터라고 불리는 데이터를 활용하지는 않았다. 그러나 데이터를 활용한 덕분에 두 회사는 두 자릿수의 성장률을 달성했다. 타깃과 테스코는 사내 시스템에 있는 모든 정보와 제3자에게서 획득한 데이터를 노련한 분석가들에게 분석하도록 시켰다. 그리고 그들의 데이터 분석 결과를 조직 운영에 적극 활용했다.

이러한 데이터 중심의 접근법은 여전히 많은 기업의 성공비결이 되고 있다. 차이가 있다면, 과거에 비해 활용할 수 있는 데이터의 유형과 분석 툴이 훨씬 다양해졌다는 것이다.

사·례·연·구

타깃의 임산부를 겨냥한 마케팅

2002년 빅데이터 기술은 여전히 실리콘밸리에 잠들어 있었다. 이 당시 타깃 코퍼레이션은 데이터를 기반으로 새로운 프로젝트에 착수했다. 이 프로젝트로 매출이 상승했지만 달갑지 않은 유명세를 치렀다.

타깃은 미국에서 2번째로 큰 대형 할인점이다. 월마트에서 시장 점유율을 뺏어오려고 애를 쓰고 있던 타깃에게 기발한 아이디어가 떠올랐다. 이를 실행에 옮기려면 데이터를 창의적으로 이용해야만 했다.

앨런 안드레아슨(Alan Andreasen) 교수는 1980년대 인생에서 중요한 시기에 사람들의 구매 습관이 변할 가능성이 크다는 논문을 발표했다. 타깃은 고객의 지출이 대폭 늘어날 중요한 시기는 출산이라고 생각했다. 타깃은 최근 구매내역을 기준으로 임산부를 구별해내는 프로젝트를 시작했다. 목표는 이들을 대상으로 임신 시기에 맞춰 유아용품을 마케팅하는 것이었다. 타깃의 분석가들은 매출 기록, 출생 신고 그리고 제3자 제공 정보 등 활용할 수 있는 모든 데이터를 꼼꼼하게 살폈다. 몇 달 이내에 그들은 이전 구매 내역을 기본으로 임산부를 식별해내는 통계 모델을 개발했다. 이 통계 모델의 정확도는 상당했다. 그리고 심지어 출산 예정일까지 거의 정확하기 예측해냈다.

통계모델이 개발되고 1년 뒤 어느 날, 화가 잔뜩 난 한 남자가 타깃의 미니애폴리스 지점에 들이닥쳤다.

그는 지점장을 만나게 해달라고 요구하며 "내 딸은 이제 고등학생인데…, 아기 옷과 아기 침대 쿠폰 광고 메일을 보내다니! 지금 그 애한테 임신이라도 하라고 부추기는 거야?"라고 소리를 질렀다. 그러나 그 아버지는 곧 자기 딸이 진짜 임신했다는 사실을 알게 되었다. 이 이야기가 신문에 실렸고 세상은 타깃이 '금광'과 'PR 지뢰밭'을 동시에 찾은 것에 놀라워했다.

이 시기에(2002~2005), 타깃의 매출은 전년 대비 20% 성장했다. 이 매출 성장은 '엄마와 아기 같은 구체적인 고객층에 어필하는 아이템과 제품에 집중한 덕분이었다.' 타깃의 애널리틱스를 기반으로 한 마케팅 기법이 상당한 매출 신장으로 이어졌던 것이다.

개선된 데이터
분석기법

데이터는 통찰을 가져온다. 의미 있는 데이터를 많이 보관하고 정확하게 분석해낼 수 있는 기업은 문제에 대한 해답을 빨리 얻고 민첩하게 비즈니스 계획을 수립할 수 있다. 데이터 분석기법은 그야말로 혁신적인 기술이다.

일반적으로 데이터가 많을수록 보다 정확한 분석이 가능하다. 좋은 데이터 분석 툴을 이용하면 분석 결과가 개선되고, 어떤 경우에는 완전히 새로운 분석 결과가 나오기도 한다. 이는 마치 수동공구만 쓰던 환경에 전동공구를 도입하는 것과 같다. 전동공구가 있으면 작업을 훨씬 수월하게 처리할 수 있고, 수동공구만 있을 때는 할 수 없었던 작업도 가능해진다.

지금부터 빅데이터가 전통적인 애널리틱스를 개선한 사례를 살펴보도록 하자.

데이터는 다다익선이다

가능한 많은 데이터를 모아서 분석하는 것이 좋다. 다양한 데이터를 많이 모아라. '모델이 아무리 좋아도 데이터의 양을 이길 수는 없다.' 이것은 애널리틱스의 기본 원칙이다. 정확한 분석에 있어 중요한 요소는 다음과 같다.

1. 가장 의미 있는 데이터가 무엇인지 파악한다.

2. 작업에 적절한 분석 툴을 선택한다.

3. 분석이 가능할 정도의 충분한 데이터를 모은다.

여기서 빅데이터 역량을 강화해야 하는 이유가 나온다. 빅데이터는 가장 의미 있는 데이터를 파악하는 데 필요한 (고객여정 데이터 등) 추가 유형의 데이터를 추가로 제공한다.

· 기억해두기 ·

기존의 통계모델과 분석모델을 업데이트해야 한다. 그러면 웹트래픽, 소셜미디어, 고객 지원 이력, 음성 및 영상 녹음 그리고 다양한 센서 데이터와 같은 빅데이터를 새로운 데이터소스로 포함시킬 수 있다.

데이터의
추가 유형

보험회사가 신규 가입자의 차량 보험료를 계산한다고 가정하자. 집 주소, 연령 그리고 차량 모델에 관한 정보를 가지고 보험회사는 위험 수준을 대략적으로 추정할 수 있다. 그러나 연간 주행거리가 주어지면, 보험회사는 더욱 정확하게 사고 발생 가능성을 계산해낼 수 있다. 주행거리가 길면 길수록 사고의 확률도 올라가기 때문이다. 여기에 주로 운전하는 지역과 시간대에 관한 정보까지 주어진다면, 보험회사는 신규 가입자의 사고 위험도를 더욱 정확하게 예측할 수 있게 된다. 기존의 제한적인 데이터로 위험 모델을 개선하는 것보다 데이터를 추가로 확보하는 것이 보험회사에게 더 큰 이득이 될 것이다.

이처럼 빅데이터가 제공하는 데이터의 유형은 다양하다. 기계는 빅데이터에서 센서 정보를 받아 제품의 성능을 추적한다. 모니터링 기기가 설치된 자동차는 빅데이터를 활용하여 감속률을 기록하고 분석할 수 있다. 빅데이터는 방대한 음성 및 영상 데이터, 소셜미디어 활동 그리고 온라인 고객여정 데이터의 관리를 가능하게 한다.

고객여정 데이터의
가치

고객여정 데이터는 빅데이터가 제공하는 데이터 유형 중에서도 아주 가치 있는 유형이다. 1990년대 후반에 테스코는 연령, 성별, 가족 관계, 주소 등 인구통계정보와 구매 데이터를 활용하여 고객을 분석했다. 정보저장매체가 제한적이었던 당시 상황을 고려하면, 이것은 상당한 양의 데이터였고 고객의 구매패턴을 이해하는 데 충분한 양이었다. 이런 데이터를 활용하여 얻은 고객에 대한 통찰은 마케팅, 제품 선정, 가격설정 등에 유용했다. 그러나 이것은 3차원 세상을 2차원적으로 이해하는 것과 다름없었다.

테스코는 고객이 계산대에서 계산을 할 때 일어나는 일들만 알 수 있었다. 그러나 오늘날 우리가 보유한 데이터는 훨씬 더 풍부하다.

전통적인 웹 애널리틱스는 교통량과 (구매 등) 컨버전과 같은 간략한 통계수치와 2차원적인 정보만 제공하지만, (빅데이터 등) 완전한 웹 로그는 다음처럼 더 많은 정보를 제공한다.

- 페이스북, 구글, 이메일 광고, 유료 광고 등 어떤 마케팅이 고객의 사이트 방문을 유도하는 데 효과적이었나?
- 고객은 어떤 경로를 통해 사이트를 방문했나? 고객들이 타고 들어온 링크나 그들이 사용한 첫 번째 검색어를 확인할 수 있을 것이다.
- 무엇이 각 고객에게 가장 중요한가? 고객이 (미)설정한 필터와 (높은 가격순, 낮은 가격순, 평점순 등) 고객이 선택한 검색결과 정렬기준을 확인할 수 있다. 이런 정보를 분석하면 고객에게 보다 효과적으로 접근할 수 있다.
- 최종적으로 구매하기 전에, 각 고객이 어떤 대안을 살펴봤나? 온라인 고객여정 데이터는 고객의 마음에 발생한 아주 미세한 변화를 보여준다. 어떤 순간에 고객이 제품에 관심을 보였는지를 알려주는 **마이크로 컨버전**을 분석해야 한다. 특히 할인행사를 자주 하지 않는 비싼 아이템의 경우, 그 비싼 아이템이 어떻게 사이트 방문자의 관심을 끄는지 파악하는 것이 중요하다. 이를 통해 얻어낸 통찰은 향후 사이트를 방문할 잠재 고객을 대상으로 한 판매 전략을 결정하는 데 활용된다.
- 고객의 의향과 취향을 분석한 결과를 바탕으로 성공적인 쇼핑 경험을 어떻게 고객에게 제공할 수 있을까? 예를 들어, 안드로이드 태블릿 PC를 찾는 고객이 사이트를 방문했다고 생각해

보자. 그 고객은 64GB 이상, 낮은 가격, 평점이 높은 제품 순으로 필터를 설정했다. 이와 유사하게 필터를 설정한 고객들은 대체로 ×××모델을 구매했고 ○○○ 모델은 결코 구매하지 않았다. 나아가 이런 유형의 고객이 추가적으로 자주 구매했던 상품을 파악해 보면 비슷한 유형의 고객들이 원하는 제품을 빨리 찾을 수 있도록 돕거나, 그들에게 가장 적합한 상품을 추천할 수 있다.

당신이 작은 가게를 운영하고 고객과 아주 친밀한 관계를 유지하고 있다고 생각해보자. 아마 당신은 이미 고객에 대해 충분한 통찰을 가지고 있고, 이를 바탕으로 가게를 운영하고 있을 것이다. 수백만 명의 보이지 않는 고객들이 존재하는 전자상거래에서도 이런 수준의 통찰을 확보해야 한다. 그렇다고 고객의 PC에 몰래 침투하여 정보를 빼내자는 것이 아니다. 익명의 온라인 고객여정 데이터를 분석하는 것만으로도 값진 통찰을 충분히 얻을 수 있다.

축적된 빅데이터는 오래된 질문에서 새로운 질문을 이끈다. 예를 들어, 지난 분기에 매출이 급증했고 이것이 특히 매출실적이 좋았던 아이템과 어떤 연관이 있는지가 궁금하다면, 해당 아이템을 검색하거나 관련 후기를 읽었던 고객들에 관한 과거 데이터를 철저하게 분석해볼 필요가 있다. 빅데이터 설루션만이 이렇게 필요한 순간에 데이터를 분석하는 '사후 분석의 유연성'을 제공할 수 있다.

타깃이 활용한 통계모델의 경우, 고객여정 데이터가 이 분석모델에 새로운 기능을 추가할 수 있다. 과거 분석모델은 고객의 연령, 소득

수준, 주거지 등의 요소만을 활용했다. 그러나 이제는 새로운 검색어와 필터, 검색결과 정렬방식과 아이템 후기 등을 추가할 수 있다. 타깃은 고객의 무향 핸드크림 구매이력을 근거로 그 고객이 임신했을 것이라 판단했다. 하지만 구매 이전에 무향 핸드크림을 검색하는 행위 자체가 그 고객의 임신 가능성을 보여주는 더욱 강한 신호일 수도 있다.

> **· 기억해두기 ·**
>
> 고객이 웹사이트에서 적극적으로 활동한다면, 빅데이터 시스템을 이용해서 고객의 온라인 활동을 저장하고 분석해야 한다. 설령 사이트 방문자가 익명이라 할지라도 이 분석을 통해 기업은 이득을 얻을 수 있다.

자세한 고객여정 로그는 하루에 기가바이트 또는 심지어 테라바이트 단위로 비구조화된 데이터를 축적할 것이다. 전통적인 데이터베이스는 이런 방대한 데이터를 저장하고 분석할 수 없다. 제8장에서 어떤 데이터베이스가 여기에 적절한지 더 자세히 살펴보도록 하겠다.

데이터의
추가적인 양

아주 적은 양의 데이터만 있어도 충분한 분석모델이 있다. (하나의 선을 만드는 데 점 두개만 있으면 되는 것과 같은 이치다.) 그러나 대다수의 분석모델, 특히 머신러닝은 데이터가 많을수록 더 정확한 결과를 도출해낸다. 2001년 마이크로소프트 연구원 미셸 방코(Michele Banko)와 에릭 브릴(Eric Brill)은 데이터가 많으면 많을수록 머신러닝의 결과가 더 정확해진다는 사실을 입증했다. 이 실험에서 머신러닝은 엄청난 양의 데이터를 소비했다.[3-7] 이런 머신러닝 알고리즘이 빅데이터의 진짜 수혜자다.

앞서 살펴본 사례들은 소매업에 편중되어 있었다. 이번에는 의학 분야의 사례 연구를 중점적으로 살펴보도록 하자.

사·례·연·구

🎛 암 연구

빅데이터는 중요한 게놈 데이터를 저장하고 분석하는 등 암 연구에서 아주 중요한 역할을 하고 있다. 빅데이터가 암 연구에서 활용된 사례는 많다. 그중에서 게놈 저장과 경로 분석을 간략하게 살펴보자.

똑같은 암은 하나도 없다. 심지어 같은 종류의 암에 걸린 환자라도 그들이 가지고 있는 암세포는 다르다. 단 하나의 종양 덩어리에는 1,000억 개의 세포가 있다. 그리고 각 세포는 다른 방식으로 변이된다. 그래서 종양 샘플 하나만 분석해서는 환자의 상태를 완전히 파악할 수 없다.

기술의 발전으로 점점 더 많은 암세포에서 데이터를 추출해서 기록하는 것이 가능해졌다. 그림 3.2와 같이 2003년 이후 인간 게놈프로젝트가 완성되면서 게놈 시퀀싱(genom sequencing, DNA의 염기 순서를 분석하는 것 -편집자주)의 비용이 급격히 하락했다.

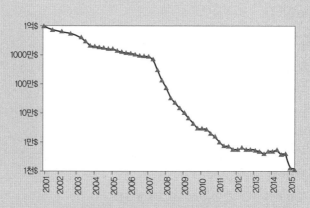

<그림 3.2> 단일 인간의 게놈 배열 순서를
밝히는 데 소요되는 비용 추이[3-8]

그 결과, 특히 암과 관련된 방대한 게놈 데이터 목록이 작성되고
있다. 추정에 따르면, 과학자들은 곧 매년 **엑사바이트**에 달하는
게놈의 배열 순서를 밝히고 게놈 데이터를 저장하게 될 것이다.
빅데이터 기술은 데이터 분석 툴도 제공하기 마련이다. 세포 단
백질 경로를 어떻게 파괴하는지가 암의 특징이 되고, 이런 파괴
현상은 환자에 따라 다르게 나타난다. 이 패턴에 대하여 더 깊은
통찰을 얻기 위해 과학자들은 하나의 방법을 고안해냈다. 그들이
고안해낸 방법에서 유전자 상호작용 네트워크는 2만 5,000개
의 꼭짓점과 6억 2,500만개의 모서리로 이뤄진 그래프로 나타
난다. 단백질 경로는 이 그래프의 하위 네트워크들에 해당한다.
과학자들은 (플링크와 같은) 빅데이터 기술을 바탕으로 작동되
는 그래프 알고리즘을 이용하여 상당한 환자들에게서 돌연변이
를 일으킨 하위 네트워크들을 알아낼 수 있었다. 이런 방식들은
이미 난소암, 급성 골수성 백혈병, 유방암 등을 치료하는 데 상
당한 도움이 되고 있다.

| 핵심정리 |

- 빅데이터 기술 덕분에 이전에는 관리할 수 없었던 데이터에서 상업적 가치를 도출해낼 수 있게 되었다.
- 빅데이터 기술이 데이터 중심의 경영을 가능하게 만든다.
- 빅데이터는 새로운 분석방식의 가능성을 열고 전통적인 분석방식의 정확도와 통찰력을 높인다.
- 온라인 고객여정 데이터는 많은 부분에서 가치가 있음이 증명된 빅데이터의 한 예다.
- 빅데이터는 의료 분야에서 다방면에 활용된다.

| 생각해보기 |

- 마지막으로 데이터에서 예상치 못한 통찰을 발견한 때는 언제였나? 데이터를 중점적으로 활용하여 통찰을 얻기 위해 필요한 인재와 프로세스가 마련되어 있나?
- 현재 조직 내에서 활용하고 있는 분석기법 중에서, 처음 개발될 당시에는 존재하지 않았던 새로운 데이터소스를 활용하면 성능을 개선할 수 있는 분석기법은 무엇인가?
- 필요한 데이터나 컴퓨팅 파워가 없어서 '너무 어려워서 해결할 수 없다'고 판단하고 단념했던 문제는 무엇인가? 이런 문제들 중에서 빅데이터 기술을 활용하여 지금 해결할 수 있는 문제가 있는가?

| QR코드 |

3 - 1

3 - 2

3 - 3

3 - 4

3 - 5

3 - 6

제 4 장

(빅)데이터
애널리틱스의 사례

이번 장에서는 애널리틱스의 활용사례를 살펴볼 것이다. 이를 통해 확장 가능한 연산력이나 데이터 자체가 빅데이터 기술을 어떻게 강화시켰는지 확인할 것이다. 빅데이터 애널리틱스 덕분에 기업의 핵심성과지표가 두 자릿수로 상향되는 것은 아주 흔한 일이다.

A/B
테스트

소위 **분할 테스트**로 알려진 **A/B 테스트**는 제품에 (일반적으로 살짝) 변화를 주는 것이 고객이나 매출에 어떤 영향을 미치는지를 살펴보는 테스트다. 고객을 무작위로 여러 그룹으로 나눈 뒤, 그들에게 조금씩 다른 버전의 제품을 보여준다. 이런 식으로 A/B 테스트는 몇 주 동안 진행된다. 그리고 테스트 결과를 분석한다. A/B 테스트는 메뉴 배치, 색상, 폰트, 그림 크기 등 웹사이트의 다양한 속성을 테스트하는 데 사용된다. 기업은 1년이라는 기간을 두고 수백 번의 A/B 테스트를 진행하여 총 매출, 웹사이트 이탈률, 컨버전 경로 길이 등에 가장 긍정적인 영향을 주는 웹사이트를 개발한다.

A/B 테스트는 온라인 업체에게 생명줄이다. 온라인 업체는 A/B 테스트로 신속하고 쉽게 자신의 아이디어를 테스트하고 '빨리 실패한다'. 이런 과정을 통해 효과가 없는 것을 버리고 효과가 있는 것을 취한다. A/B 테스트는 단순히 고객 행동을 관찰하는 분석기법이 아니다. A/B 테스트는 온라인 업체가 적극적으로 데이터를 만들고 가벼운 마음으로 데이터를 평가할 수 있게 한다. 온라인 업체는 단순히 고객을 관찰하는 것이 아니라, 새로운 제품을 만들어내고 이 신제품에 대한 고객의 반응을 살핀다. 그래서 A/B 테스트를 통해 수백만 달러 단위로 매출을 올릴 수도 있다.

A/B 테스트는 본래 빅데이터와 관련 있는 분석모델은 아니다. 그러나 빅데이터가 결합된 A/B 테스트는 아래의 이유로 훨씬 더 효과적이다.

- 첫째, A/B 테스트에 빅데이터를 활용하면, 표본조사를 생략하고 목표 핵심성과지표를 심층적으로 분석할 수 있다. 예를 들어, 어떤 기업이 영어 텍스트인 변형A와 독어 텍스트인 변형B

를 가지고 유럽에서 A/B 테스트를 진행한다고 가정하자. 아마도 변형A가 변형B보다 더 좋은 결과를 낼 것이다. 나아가 웹사이트 방문자의 국적을 기준으로 방문자들을 분류하여 좀 더 심층적으로 A/B 테스트를 진행하면, 이 기업은 더 정확한 결과를 얻을 수 있을 것이다.

당신이 제품 목록이 수백 개에 이르고 수십 개국에서 살고 있는 사람들이 이용하는 전자상거래 플랫폼을 운영하고 있다고 가정해보자.

이때, A/B 테스트에서 조사하는 변형들은 제품 목록과 고객 위치에 따라 아주 다른 결과를 낳는다. 당신이 요약 테스트 데이터만 분석하거나 소량의 테스트 데이터만 보유하고 있다면(일반적으로 대다수의 기업이 이렇게 A/B 테스트를 진행한다), (대규모 이벤트에서 고가의 마케팅 캠페인이 진행되는 기간 동안 등) 특정 시간대 그리고 특정 시장에서 특정 제품의 실적이 어떠냐고 묻는 제품 매니저에게 의미 있는 답을 해줄 수가 없다.

왜냐하면 당신은 유의미한 결과를 도출하는 데 필요한 충분한 데이터가 없기 때문이다. 이처럼 빅데이터가 있으면, A/B 테스트에서 보다 심오한 통찰을 얻어낼 수 있다.

- 빅데이터가 A/B 테스트를 개선하는 두 번째 이유를 살펴보자. 빅데이터를 활용하면 A/B 테스트로 핵심성과지표의 향상뿐만 아니라 변형들이 고객여정에 어떤 영향을 미쳤는지를 더욱 깊이 이해할 수 있다.

일단 고객여정 데이터 저장소에 테스트 변형 ID를 추가하면,

'어느 변형에서 구매경로의 평균 길이가 짧았는지' 또는 '어느 변형에서 고객이 가장 비싼 제품을 구매했는지'를 이해할 수 있다. 표준적인 A/B 테스트에서 빅데이터 없이 이렇게 자세한 통찰을 얻어내는 것은 거의 불가능하다.

- 셋째, 빅데이터는 이미 수집한 데이터를 이용하여 새로운 통찰을 제공한다. 이것은 지난 장에서 다뤘던 내용이다.

  새로운 테스트를 진행하는 것 보다 방대하게 축적된 과거의 데이터를 살펴보면 제품 변화에 대한 고객 반응을 알 수 있는 경우가 가끔 있다.

예를 들어, 이베이와 같은 기업이 아이템 사진을 추가했을 때 매출에 어떤 변화가 생기는지를 알고 싶어 한다고 가정하자.

이 기업은 게재된 사진의 수만 다른, 같은 종류의 제품 목록을 취합하고 여러 주 동안 매출추이를 비교하여 원하는 답을 얻을 수도 있다. 그러나 빅데이터 시스템을 이용하면, 이런 궁금증이 생기는 즉시 과거 데이터를 통해 사진의 수가 달랐던 같은 종류의 제품 목록을 손쉽게 구할 수 있게 된다.

이베이와 같은 전자상거래 플랫폼에서 활동하는 파워 셀러는 판매상품의 매출을 높이기 위해 이미 이러한 테스트를 진행하고 있기에 이베이는 빅데이터 저장 시스템에 저장된 이 테스트의 결과를 찾아보기만 하면 된다. 이렇게 기업은 새로운 테스트 결과를 기다릴 필요도 없이 질문에 대한 답을 바로 얻을 수 있다.

추천엔진/
차선의 제안

추천엔진은 대다수 기업에서 그 효용 가치를 증명했다. 넷플릭스는 추천엔진을 적극적으로 활용하는 대표적인 사례다.

넷플릭스는 비디오 콘텐츠를 확보하고 제작할 뿐만 아니라 개인 이용자의 수요에 맞춘 영화를 추천하여 가입자 수를 늘리고 가입자의 참여를 촉진시켰다.

전자상거래 업체는 적당한 순간에 고객에게 적당한 제품을 추천할 수 있어야 한다. 이때 고객 만족, 수익 극대화, 재고 관리, 미래 매출 등 때때로 상충하는 일련의 목표들의 균형을 유지해야 한다.

전자상거래 업체는 조직의 상업적 목표와 균형을 유지하면서, 어느 제품이 각 고객에게 가장 매력적으로 여겨지는지를 평가하고 구매를 유도할 확률이 가장 높은 접근법을 이용하여 고객에게 제품을 제안해야 한다.

편집자들도 독자들에게 적절한 기사를 추천해야 하는 어려움이 있다. 그들은 콘텐츠, 타이틀, 그래픽, 문단배치 등을 결정해야 한다. 심지어 목표 시장과 (세계 뉴스, 현지 뉴스, 정원 가꾸기, 부동산 등) 출판 분야가 구체적이더라도, 편집자는 콘텐츠와 독자의 관심을 최대한 끌 수 있는 형식을 정해야만 한다.

빅데이터를 이용해 성공적으로 수익증대를 이끌어 낸 워싱턴 포스트(Washington Post)의 사례를 살펴보도록 하자.

⚙️ 워싱턴 포스트에서 인기 기사 예측하기[4-1]

워싱턴 포스트는 온라인 플랫폼을 성공적으로 구축한 몇 안 되는 언론사 중 하나다. 아마존 설립자인 제프 베조스(Jeff Bezos)가 2013년에 워싱턴 포스트를 인수했다. 그러니 이 언론사가 데이터를 중심으로 운영되는 혁신적인 기업이라는 사실은 어떻게 보면 당연한 일이다. 실제로 디지데이(Digiday)는 2015년 워싱턴 포스트를 가장 혁신적인 출판사로 선정했다. 2016년 매달 워싱턴 포스트의 온라인 콘텐츠를 소비하는 전 세계 구독자는 거의 1억 명이었다.

워싱턴 포스트는 매일 약 1,000건의 기사를 발행한다. 아주 제한적인 피드백만 제공하는 지면과 달리 온라인은 새로운 통찰을 제공하여 편집자들이 콘텐츠에 대한 독자의 반응을 실시간으로 확인하고 콘텐츠를 업데이트, 수정 또는 재배치하여 즉시 대응할 수 있도록 돕는다. 온라인 일일 방문자수는 거의 수백만에 달하는데 여기서 수천억 건에 이르는 상호작용이 일어나고, 이런 상호작용은 즉시 기사 발행과 광고의 방향을 설정하는 데 활용될 수 있다. 워싱턴 포스트는 빅데이터를 활용하여 기사의 대중성을 예측한다. 사람들이 가장 많이 볼 것 같은 기사를 강조하고 링크와 그 기사와 연관된 콘텐츠를 추가하여 웹사이트의 질을 높인다. 빅데이터 모델이 어떤 기사가 인기 없을 것이라 예측하면, 편집자들은 조회수와 공유횟수 등을 높이기 위해 헤드라인과 이미지를 수정한다. 이런 데이터 중심의 운영은 워싱턴 포스트에 큰 성공을 안겨줬다. 전통적인 출판사들이 이미지를 쇄신하려고 애쓰는 시대에 워싱턴 포스트의 온라인 방문자 수는 연간 46% 증가했고 온라인 구독자 수는 연간 145% 증가했다.[4-2]

이처럼 워싱턴 포스트는 독자들이 온라인 기사를 읽고 소셜미디어로 공유하는 동안 발생한 연관 데이터를 분석하여 상당한 통찰을 얻었다. 워싱턴 포스트는 독자들이 클릭한 기사는 무엇인지(이것은 헤드라인과 사진의 힘을 보여준다), 독자들이 끝까지 읽은 기사는 무엇인지(스크롤과 페이지에서 머무른 시간을 기준으로 알 수 있다), 소셜미디어에서 공유되고 있는 기사는 무엇인지를 파악할 수 있었다. 이러한 디지털 피드백은 피드백 루프를 가능하게 했다. 오프라인 지면상에서는 피드백 루프가 불가능하다. 그러나 워싱턴 포스트처럼 디지털 피드백을 효과적으로 이용하기 위해서 출판사는 디지털 데이터 설루션을 사용해야만 한다.

데이터가 늘어나고 가속화되고 더 복잡해지고 있기에 출판사는 이런 데이터를 분석하여 디지털 통찰을 얻기 위해 첨단 분석 툴과 기법을 활용해야 한다. 예를 들어, 특정 기사를 몇 명의 독자가 읽었는지를 아는 출판사가 있다고 치자. 이 출판사는 그 기사를 읽은 독자들의 정서 상태가 어떠한지 이해하고 기사에 대한 독자들의 반응과 그들에 대한 기사의 영향을 분석하기 위해, 정서분석과 인공지능기법을 활용하여 기사에 대한 소셜미디어 댓글을 수집하고 분석해야 한다.

전자상거래업체에 있어 고객에게 적절한 제품을 추천하는 것은 갈수록 어려워지고 있다. 기술의 발전으로 온라인 판매는 쉬워졌지만, 고객들은 정체를 알 수 없는 익명의 누군가가 되었다. 전자상거래업체는 고객이 구매할 확률이 가장 높은 제품이 무엇인지 그리고 고객이 정말 원하는 제품을 구매할 수 있도록 돕는 방법을 알아야 한다. 여기서 고객의 모든 질문과 행동에 반응하는 지속적인 피드백 사이클이 필요하다. 고객이 가게에 들어서면, 가게 주인은 그 고객의 첫인상을 보고 판매 전략을 세운다. 어린 소녀는 분명 중년 남성과는 다른 물건을 구입할 것이다. 고객의 첫 번째 질문은 고객의 의향을 보여준다. 그리고 제일 처음 보여준 제품에 대한 고객의 반응을 통해 그들의 취향을 파악할 수 있다.

추천엔진은 일반적으로 협업 필터링과 콘텐츠 기반 필터링을 혼합하여 사용한다. 협업 필터링은 과거 활동을 기준으로 추천점수를 부여하고, 콘텐츠 기반 필터링은 상품의 특성을 기준으로 추천점수를 부여한다. 예를 들어 내가 스타워즈 4편을 봤다면, 협업 필터링은 나에게 스타워즈 5편을 추천할 것이다. 스타워즈 4편을 좋아했던 사람들은 대체로 5편도 좋아하기 때문이다. 반면, 콘텐츠 기반 필터링은 스타워즈 4편과 5편은 (제작자, 출연진, 장르 등) 여러모로 비슷하다는 이유로 나에게 5편을 추천할 것이다. 협업 필터링은 내가 보지 않은 새로 개봉한 영화를 절대 추천하지 않는다. 그러나 콘텐츠 기반 필터링은 추천할 수도 있다.

빅데이터가 추천엔진이 잘 돌아가도록 한다. 추천엔진을 설계하고 있는가? 그렇다면 브라우징 데이터 등 다양한 데이터를 활용해서 추천엔진을 보정해봐라. 추천엔진의 보정에 사용할 데이터는 빅데이터 저장소에서 얻을 수 있다. 빅데이터 생태계는 머신러닝 알고리즘을 구동하는 확장 가능한 연산력도 제공한다. 추천엔진에 기반을 둔 머신러닝 알고리즘은 일일 **배치작업**으로 수치를 빠르게 처리하거나 실시간 업데이트를 진행한다.

실시간으로 사용자의 행위를 분석하고 적절하게 대응할 수 있을 때, 추천엔진은 가장 우수한 성과를 낸다. 빅데이터 생태계에서 추천엔진은 이렇게 할 수 있다. 사람들은 웹사이트에서 검색해 나온 결과 중에서 어떤 결과는 클릭해서 확인을 하지만 어떤 결과는 그냥 무시하고 넘어간다. 이런 과정을 통해 사람들은 자신의 취향을 간접적으로 보여준다. 그러므로 최고의 설루션은 실시간으로 사람들의 이런 행위를 분석하여 통찰을 제공하는 것이다.

예측:
수요와 수익

빅데이터가 포함되지 않은 예측모델은 아마도 몇 안 되는 표준 변수로 설계된 통계모델일 것이다. 이런 예측모델은 기초적인 과거 데이터를 활용하여 보정된다. 지리, 날짜, 트렌드, 경제지표와 같은 요소들을 이용하여 예측모델을 설계할 수 있다. 단기 수요와 그에 따른 수익을 예측하는 모델을 설계할 때 심지어 일기예보까지 활용되기도 한다.

빅데이터는 다음과 같은 방식으로 예측모델의 정확도를 높일 수 있다.

- 첫째, 빅데이터는 더 많은 예측 툴을 제공한다. 표준 통계모델을 계속 사용할 수 있고, 클라우드 기반 **그래픽 처리 단위들**(GPUs) 의 클러스터를 기반으로 학습한 신경망을 이용해 실험할 수도

있다. 그리고 미리 선택한 몇 개의 설명변수뿐만 아니라 이용
가능한 모든 데이터로 예측모델을 보정할 수 있다. 소매업자들
은 이미 이런 방법을 이용하여 효과적으로 주문량을 예측해내
고 있다.

- 둘째, 빅데이터는 기존 예측모델의 특징 추출에 쓰일 추가적인
  설명변수를 제공한다. 날짜, 지리 등과 같은 일반 특징에 빅데이
  터 저장소에서 추출한 특징을 포함시킬 수 있다. 예를 들어 조
  회수가 높은 고가의 아이템은 곧 팔릴 가능성이 크다.

IT비용의
절감

특허기술 대신 오픈소스 빅데이터 기술을 이용해서 방대한 데이터를
저장하면, 기업의 IT비용을 상당히 줄일 수 있다. 범용 하드웨어에서
구동되는 오픈소스 기술은 전통적인 **데이터 웨어하우스**보다 테라바
이트 당 20~30배 저렴하다.[1]

비싼 소프트웨어 라이선스는 대부분 오픈소스 기술로 대체할 수
있다. 그러나 반드시 특허기술을 오픈소스 빅데이터 기술로 대체할
때, 발생하는 인건비를 반드시 고려해야 한다.

---

1   Capgemini 저(2015) Big & Fast Data: The Rise of Insight-Driven for Business,
     Capgemini, London.

마케팅

빅데이터를 제일 먼저 활용한 분야는 바로 마케팅이다. 델이 2015년에 실시한 조사에 따르면, 빅데이터가 가장 많이 활용된 3개 분야가 모두 마케팅과 관련되어 있었다. 그 3개 분야는 아래와 같다.

1. 마케팅의 타깃팅 향상
2. 광고비용의 최적화
3. 소셜미디어 마케팅의 최적화

이것은 빅데이터가 마케팅에서 얼마나 중요한지를 여실히 보여준다. 디지털 공간에서는 엄청나게 많은 곳에 광고를 설치할 수 있다. 일반적으로 (핵심어를 선택하여) 디지털 광고물을 구성하고 (일반적으로 입찰을 통해) 위치를 구매하여 광고를 설치한다. 일단 광고를 디지털 공간에 설치하면, (웹페이지에 눈에 보이지 않는 픽셀을 설치하고 단체로 중앙 저장소에 수백만 개의 메시지를 다시 보내서) 광고물 배치와 클릭수에 대한 자세한 데이터를 수집할 수 있다.

사람들이 웹사이트를 방문하거나 모바일 애플리케이션을 이용하면 그들의 디지털 흔적이 남는다. 전통적인 웹 분석 툴로 이런 디지털 흔적을 완전히 이해하거나, 빅데이터 툴로 아주 자세히 분석할 수 있다.

마케팅 전문가들은 웹 분석을 매우 애용한다. 이 때문에 웹 분석은 간략하거나 표본으로 수집된 웹 분석 데이터 대신, 완전한 고객여정 데이터를 저장하고 분석하는 온라인 업체에게 첫 번째 진입점이 된다. 다양한 마케팅이나 키워드 검색에서 나타나는 고객의 행동을 이해하기 위해, 다양한 데이터 소스에 수익을 재투자하여 새로운 고객을 확보하기 위해, 고객여정에서 고객이 전환 깔때기에서 이탈하여 구매를 완전히 포기하는 지점을 파악하기 위해 마케팅 전문가들은 온라인 데이터를 이용한다.

소셜미디어

소셜미디어는 고객들을 실시간으로 분석하는 데 매우 유용하다. 최근 컴스코어는 미국인들이 온라인 이용시간의 1/5을 SNS 활동에 할애한다는 보고서를 발표했다. (그림 4.1)

소셜미디어는 고객정서, 키워드 사용, 마케팅 활동의 효과 등에 대한 통찰을 제공한다. 그리고 즉시 대처해야 할 PR 위기관리 파악에 도움이 된다. 소셜미디어 데이터는 방대하고 빠르게 움직인다. 트위터를 생각해보자. 초당 6,000건의 트윗이 생성되고, 연간 총 트윗 건수는 무려 2,000억 건에 이른다.[4-3] 마케팅에 다양한 소셜미디어를 활용하는 것도 좋은 전략이다. 각각의 소셜미디어는 고객을 이해하는 데 아주 유용하다. 그리고 각각의 소셜미디어에는 이미지, 링크, 태그, 텍스트가 혼재한다. 그래서 소셜미디어를 마케팅에 활용하면 기업은 조금씩 다른 고객층을 끌어들일 수 있다. 나아가 소셜미디어는 마케팅 이외의 다른 용도로도 활용이 가능하다.

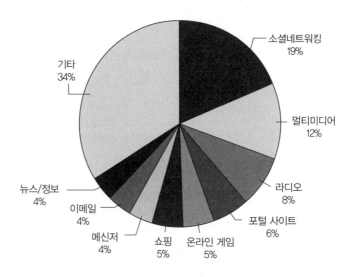

〈그림 4.1〉 사람들이 온라인에서 쓰는 총 시간 중 콘텐츠별 비율

*출처: 컴스코어 미디어 매트릭스 다중 플랫폼, 총 시청자수, 2015년 12월 **4-4**

가격설정

일반적으로 기업은 하나 이상의 방법을 이용해서 서비스나 제품의 가격을 설정한다. 이 방법들은 구체적인 분야와 응용사례에 적합하도록 전문화되어 있다.

금융상품의 경우, 차익거래를 방지하기 위해서 가격이 설정된다. 이때 금리 동향을 파악하는 기본적인 수학모델을 기반으로 구축된 공식이나 시뮬레이션이 사용된다. 보험회사는 위험과 비용에 기반을 둔 모델을 이용하여 보험의 가격을 정한다. 그리고 드문 사건의 영향을 추정하는 시뮬레이션도 사용된다. 혹시 시뮬레이션에 기반을 둔

모델을 이용하여 가격을 정하고 있는가? 그렇다면 빅데이터 생태계가 필요할 것이다. 빅데이터 생태계가 **몬테카를로 시뮬레이션**에 필요한 확장 가능한 기반시설을 제공하기 때문이다(이 시뮬레이션은 주로 상관관계를 찾아내기 위해 사용된다).

상업이나 여행업은 다이내믹 프라이싱을 주로 사용한다. 다이내믹 프라이싱은 수요곡선과 공급곡선을 구하고, 이 두 곡선을 이용하여 가격 탄력성을 구해서 가격을 정한다. 여기서 빅데이터는 앞에서 언급한 예측 툴과 방법을 제공한다. 이 덕분에 기업은 고객여정 데이터 중 마이크로 컨버전을 가격 탄력성을 파악하기 위한 추가 자료로 활용할 수 있다.

고객 유지/
고객 충성도

빅데이터 기술은 고객 충성도를 높인다. 다음 두 가지 방법으로 빅데이터 기술을 활용하여 고객 충성도를 높여보자.

첫째는 수비다. 소셜미디어를 모니터하여 고객이 보내는 신호에 대응하고 옴니채널(omni-channel, 소비자가 오프라인, 온라인, 모바일 등의 여러 경로로 상품을 검색하고 구매할 수 있도록 제공하는 서비스 -편집자주)의 많은 접점을 기반으로 경고 신호를 포착해 고객의 이탈을 사전에 막아야 한다. 옴니채널 신호에 대해서는 제6장에서 고객 이탈과 함께 살펴보겠다. 동시에 비디오 분석으로 시작된 고객 서비스의 사례도 다룰 것이다. 이 기법으로 비전통적인 데이터와 인공지능을 활용하여 고객을 유지하고 고객 충성도를 쌓는다.

둘째는 공격이다. 고객의 니즈에 맞춰 최적화된 고객경험을 제공하고 A/B 테스트를 이용해 상품과 서비스를 개선한다. 고객의 성공적인 쇼핑을 위해 추천엔진을 만들고 고객이 웹사이트를 방문한 목적에 맞추어 적절한 콘텐츠를 제시한다. 구체적인 예를 들면 먼저 오프라인 빅데이터 애널리틱스를 이용해 추천엔진을 만들고 고객니즈에 실시간으로 대응하기 위해 스트리밍 처리를 이용하여 구동한다는 것이다.

장바구니 포기(실시간)

장바구니 단계에서의 고객 이탈률은 약 75%다.[4-5] 장바구니에 물건을 담기까지의 고객행동을 분석하는 인공지능 프로그램을 활용하자. 고객이 장바구니에 담긴 물건을 구매하지 않을 것 같다고 예측되면, 인공지능 프로그램은 구매 가능성을 개선하기 위해서 적절한 행동을 취할 것이다.

컨버전율 최적화

컨버전율 최적화(CRO)는 최대한 많은 컨버전이 생길 수 있도록 상품을 고객에게 추천한다. 컨버전율 최적화는 아주 방대한 개념으로 다학제적 접근이 요구된다. 기술 측면을 꼽자면, A/B 테스트, 추천엔진과 가격설정, 실시간 제품 커스터마이제이션 그리고 장바구니 포기 기술 등이 활용된다.

제품 커스터마이제이션(실시간)

제품 커스터마이제이션은 웹사이트 방문자에 대한 정보와 그들의 최신 온라인 활동을 바탕으로 실시간으로 웹사이트의 콘텐츠와 형식을 조정하는 시스템이라 할 수 있다. 방문기록과 관련 데이터는 방문자의 일반적인 특성을 알려준다. 그러나 이제는 단 몇 분 또는 몇 초 만에 그들이 웹사이트에서 찾으려고 하는 것이 무엇인지 알 수 있다. 제품 커스터마이제이션 알고리즘을 만들려면 완전한 고객여정 데이터가 필요하고, 이 알고리즘을 실행하려면 스트리밍 데이터 기술이 필요하다.

리타깃팅(실시간)

실시간으로 웹사이트에서 고객의 행동을 분석하고 다음 방문 시 컨버전이 생길 가능성을 추정하려면 인공지능 프로그램이 필요하다. 이 정보를 이용해서 고객이 바로 이어서 방문하는 다른 웹사이트의 상품가격을 비교하자. 경쟁력이 떨어진다면 야간 일괄처리까지 기다리지 말고 (단 몇 초 만에) 즉시 가격을 조정해야 한다.

부정행위 감지(실시간)

수동 검사 시스템이나 규칙 기반 자동화 시스템으로 부정행위를 감지해낸다. 이 일반적인 방법의 대안으로 대형 데이터세트를 이용해서 학습시킨 머신러닝 시스템을 살펴보자.

대규모 시계열 데이터를 보유하고 있으면 보다 풍부한 학습용 데이터세트를 얻을 수 있다. 뿐만 아니라 **고속 데이터** 방식을 이용하여 추가적인 특성을 확보하고 머신러닝 시스템의 정확도를 높이며 확장 가능한 실시간 배치까지 얻을 수 있다(제5장).

고객 이탈 감소

이탈 확률이 높은 고객을 찾아내 이탈을 막기 위해 노력해야 한다. 유료 서비스라면 구독이나 유료 서비스를 취소할 가능성이 있는 고객에게 집중해야 한다. 신규 고객을 확보하는 데는 큰 비용이 소요되지만, 기존 고객의 이탈을 억제할 수 있다면 상당한 투자수익률을 얻을 수 있다.

고객 이탈률을 분석하는 분석모델은 다양하다. 어떤 모델은 고객의 생존율(수명)을 추정해내고 그 밖의 다른 모델은 특정 기간 동안 고객이 이탈할 확률을 추정해낸다(예를 들어 향후 2개월 동안 고객이 이탈할 확률을 추정하는 것이다). 고객 이탈은 드문 사건이다. 그래서 이탈률 분석모델의 정확도를 조정하고 위양성(false positives)과 위음성(false negatives) 사이에서 균형을 이루는 것이 더 어렵다. 위양성과 위음성 중에서 어느 쪽에 발생한 오류를 더 잘 받아들일 수 있는지를 진지하게 고민해봐야 한다. 특정 고객을 잠재 이탈자로 표시하고 그들의 이탈률을 낮추는 비용과, 실제 이탈할 가능성이 있지만 아무런 조치를 취하지 않아 고객이 이탈해서 발생하는 비용이 균형을 이뤄야 한다.

이러한 전통적인 분석모델은 구독 데이터, 요금내역, 사용패턴 등 관련된 모든 특성을 활용한다. 약관 조회, 고객센터와 주고받은 메시지, 고객센터 통화기록, 이메일 내용 등의 고객여정 데이터 같은 더 많은 데이터를 활용하면 고객의 정서를 더 파악하기 쉬워진다. 특히 고객행동이 일련의 연속적인 사건처럼 보인다면 고객 데이터를 많이 확보할수록 고객의 정서를 더 정확하게 파악할 수 있다(예를 들면 고객이 요금이 많이 나오자 고객센터에 연락을 하고 서비스 취소약관을 읽는 경우다).

이렇게 추가 데이터와 데이터소스를 이용해 전통적인 분석모델의 실행을 개선할 수 있다. 나아가 고객 이탈률을 낮추기 위해 인공지능 시스템, 특히 딥러닝 시스템을 이용하는 것도 고려해보기를 바란다. 전통적인 분석모델은 고객 이탈률 예측을 위해 미리 세팅된 특성만 이용하지만, 딥러닝 시스템을 도입하면 비구조화된 데이터소스도 활용할 수 있다.

예측적인 유지관리

기계의 모니터링과 수리에 상당한 자원이 소모되고 있다면, 빅데이터 기술을 활용해 보기 바란다. 빅데이터 기술은 예측적인 유지관리를 가능하게 하고 기계마모를 최소화하며 예기치 못한 고장을 방지한다. 예측적인 유지관리는 물류업, 공공서비스(전기, 가스, 수도 등), 제조업, 농업 등 많은 산업에서 중요한 분야다. 기계 결함을 미리 정확하게 예측해내면 많은 비용을 절감할 수 있다. 예를 들어 기술적 문제로 인한 항공기 지연의 절반이 항공기 유지관리와 관련이 있다. 이런 경우, 항공사는 예측적인 유지관리로 연간 수억 달러를 절약하고 고객 만족도를 높일 수 있다.

여기서 사물인터넷이 중요한 역할을 한다. 기계 부품과 시스템에 더 많은 센서와 피드백 메커니즘을 설치하면, 기계가 어떻게 움직이는지를 알려주는 연속 데이터를 실시간으로 더 많이 확보할 수 있다. 이 데이터를 이용하여 기계의 신뢰도를 높이고 생산성을 개선하고 부품 수명을 늘리는 시스템 매개변수를 세부적으로 조정할 수 있다.

이런 빅데이터는 '모델 중심의 예측적인 유지관리'에서 '데이터 중심의 예측적인 유지관리'로의 이동을 가능하게 한다. 데이터 중심의 예측적인 유지관리를 하면 실시간 데이터에 계속 대응할 수 있다. 이전에는 종류에 상관없이 주기적으로 수집한 데이터를 이용해 표준일정에 따라 결함을 예측하고 감지하고 진단했다. 그러나 이제는 빅데이터 기술 덕분에, 실시간으로 시스템을 모니터하고 작업이나 매개변수를 조정하여 시스템의 전반적인 효율성을 개선할 수 있다.

공급망 관리

공급망을 관리하고 있다면, 아마도 지난 몇 년 사이 관련 데이터가 폭
발적으로 증가했다고 느낄 것이다. 최근 공급망 업계 리더들을 대상으
로 한 여론조사가 있었다.[4-6] 응답자의 절반 이상이 단일 데이터베이
스에 저장된 데이터의 양이 이미 1페타바이트이거나 그에 상당한 양
일 것 같다고 답했다. 공급망 데이터의 범위는 재고량, 경로와 목적지
등과 같은 데이터보다 훨씬 더 광범위하다. 수송수단, 컨테이너, 개별
아이템 단계에서 재고량을 추적하는 기술이 공급망에서 활용되고 있
다. 이 기술은 거의 지속적으로 자세한 데이터를 수집한다. 게다가 수
송수단의 센서에서 실시간으로 환경 데이터가 전송된다.

이 여론조사 응답자들은 빅데이터 기술 활용의 가장 큰 혜택으
로 공급망의 움직임을 더 정확하고 빠르게 파악할 수 있게 된 것을 꼽
았다. 이어서 제품의 위치 추적 역량의 강화와 블로그, 평점, 후기, 소
셜미디어로부터 이용자 정서를 수집하는 역량을 뽑았다. 이 밖에도
(특히 온도와 같은) 센서 데이터의 스트리밍 모니터링과 관련 음성, 영상,
보증 데이터의 처리와 관련하여 빅데이터 기술이 활용되고 있다.

고객생애가치

고객생애가치(CLV)를 분석하면, 마케팅 투자수익률과 고객 이탈 비용
을 추정할 수 있다. 고객생애가치는 어떤 고객이 조직에 가져올 총 미

래가치다. (할인 전) 고객생애가치의 기본 계산식은 다음과 같다.

> (매년 발생하는 고객으로부터의 이익)
> × (고객이 활발하게 활용할 것으로 예상되는 연수)
> − 고객 획득 비용

고객생애가치를 통해 고객 획득의 투자수익률을 더 잘 이해할 수 있다. 예상 이익이 고객 획득 비용를 초과하지 않는다면, 그 고객을 유지하려고 노력할 필요가 없다.

고객생애가치를 정확하게 산출하면 고객을 보다 세부적으로 나누고 각 고객층의 이탈률을 계산할 수 있다. 고객 이탈을 줄이고 교차판매, 상향이동판매와 추가 컨버전율 최적화로 소비를 촉진하면 고객생애가치를 상승시킬 수 있다.

지금 이용할 수 있는 빅데이터로 보다 정교하게 고객을 세분화해보자. 추가 데이터는 주로 디지털 활동으로 구성된다(데이터를 어디서 획득했는지, 어떤 웹페이지를 어떻게 방문했는지, 이메일은 얼마나 자주 확인하는지, 소셜미디어에서 콘텐츠는 얼마나 다운받고 어떤 활동을 하는지 등이다). 어떤 산업의 경우에는 고객이 생산한 음성과 영상 데이터도 추가 데이터에 포함된다. 예를 들어, 소셜미디어 추천글을 보고 온 고객이 가격비교 사이트를 확인하고 온 고객보다 더 오래 당신의 고객으로 남아 있을 가능성이 크다.

리드 스코어링

리드 스코어링은 예술/과학/무작위 추측이다. 고객이 구매를 할 것이 냐를 예측하는 기술로 거래로 이어질 가능성이 낮은 순으로 서열을 매긴다. 마케팅 셰르파의 2012년 연구에 따르면, B2B 마케터의 경우 21%만이 리드 스코어링을 이용하고 있었다.[4-7] 여기서 리드 스코어링의 성장 가능성을 확인할 수 있다.

리드 스코어링은 영업팀이 업무 우선순위를 설정하는 데 도움이 된다. 이를 이용하면 영업팀은 거래로 이어질 가능성이 낮은 리드보다 가능성이 높은 리드에 더 많은 시간을 할애할 수 있다. 고객 이탈 분석과 고객생애가치에서 사용했던 기법을 응용하면 리드 스코어는 리드 컨버전 가능성과 리드의 추정 고객생애가치를 곱한 값이다.

기존 고객을 상대로 교차판매와 상향이동판매를 시도할 때, 고객 데이터를 활용하기 바란다. 리드가 당신의 고객이 아니고 컨버전이 자주 일어나지 않는다면 그 리드에 대한 데이터가 턱없이 부족하다는 의미다. 그러므로 데이터의 양을 늘리는 등의 조치를 통해 제한적인 데이터를 활용하는 분석모델을 수정해야 한다(머신러닝 모델은 일반적으로 제한적인 데이터로 작동하지 않는다).

인공지능을 이용해 음성과 영상 기록에서 매출로 이어질 수 있는 신호를 찾아내는 방법도 고려해보기를 바란다. 학습 데이터가 충분하다면, 인공지능이 자동적으로 거래로 이어질 가능성이 높은 리드를 실시간으로 표시하도록 학습시킬 수도 있다. 제6장에서 인공지능 기반 리드 스코어링 시스템의 아주 기본적인 사례를 살펴볼 예정이다.

인적자원

리드 스코어링, 이탈 분석 그리고 컨버전율 최적화에 사용되는 분석 툴과 방식은 인사관리에도 아주 유용하다. 이런 방식을 통해 좋은 인재를 확보하고 직원 이탈을 막고 생산성과 직원 만족도와 관련된 핵심성과지표를 개선할 수 있다.

채용 전문가와 인사관리 전문가는 유사한 데이터를 이용해서 채용 프로세스를 이해하고 성공적으로 우수한 인재를 확보하고, 직원 생산성을 높이고 직원 소모를 최소화한다. (입사 지원일, 근무 시작일, 직위, 급여 등) 전통적인 데이터와 함께 다양한 새로운 데이터도 활용해 보기를 바란다. 예를 들면, 소셜미디어 활동, 유형이 다른 채용 공고에 응답하는 패턴, 지원자의 사진과 영상, 자기소개서/면접/노트/이메일/관리자 평가의견/기타 디지털 매체에 남겨진 기록 등이 있다.

사생활 보호법과 조직의 개인정보 보호정책도 살펴봐야 한다. 개인식별정보를 확보하지 않고도 앞선 언급한 데이터를 분석해 인재의 확보와 관리에 유용한 통찰을 얻을 수 있다. 이는 각 직원의 개인 수준뿐 아니라 부서, 지역, 국가 등 집단 수준에서도 가능한 일이다.

정서분석 시스템

글, 말, 영상 그리고 컴퓨터 자판을 칠 때 나타나는 규칙적인 변화를 분석하면, 고객의 의향, 태도, 감정 등에 대한 통찰을 얻을 수 있다. 비디오카메라와 적외선 모니터 같은 현장 모니터에서 얻은 데이터로부터 그들의 의향, 태도와 감정을 이해할 수도 있다.

항상 작동하는 모니터링 시스템을 이용해서 마케팅이나 뉴스 행사에 대한 대중의 반응을 파악할 수 있지만 보안이나 부정행위가 우려스럽다면, 정서분석 시스템을 통해 진입 포인트에서 또는 애플리케이션이 작동되는 동안 고위험군에 속하는 개인을 표시하고 해당 사례들을 경험 많은 직원에게 보내 수동평가를 받아보기를 권한다.

여타 인공지능처럼 정서분석 시스템도 100% 정확하지는 않을 것이다. 그러나 사람이 분석하는 것보다 훨씬 빨리 여론을 파악하고 빠르게 움직이는 방대한 데이터를 분석하여 공통분모를 찾아낸다. 게다가 일부 정서분석 시스템은 눈으로 보는 것보다 더 정확하게 특성과 패턴을 포착해낸다.

· 기억해두기 ·

빅데이터 기술 덕분에 많은 일을 이전보다 더 잘 해낼 수 있게 되었지만 빅데이터 기술이 모든 문제를 해결하는 묘책은 아니다. 처음에는 전통적인 데이터를 이용해 솔루션을 개발하고, 빅데이터를 활용해 그 솔루션을 개선해나가라.

지금까지 빅데이터와 인공지능을 거시적인 관점에서 살펴봤다. 그리고 비즈니스에서 빅데이터와 인공지능이 활용되는 여러 가지 사례도 살펴보았다. 제1부에서 전반적으로 빅데이터 솔루션을 개발하는 데 필요한 툴과 기술을 자세히 살펴봤다면, 제2부에서는 조직에서 실제로 빅데이터를 활용하는 방법을 집중적으로 살펴볼 것이다.

| 핵심정리 |

- 비즈니스 분석기술을 활용하는 20가지 분야를 간략하게 살펴봤다. 이 중에서 일부는 점진적으로 개선되었으며 일부는 빅데이터 기술 덕분에 크게 개선되었다.

| 생각해보기 |

- 앞서 살펴본 20가지 분야에서 당신에게 가장 중요한 것은 무엇인가? 이미 빅데이터 기술을 활용하고 있는 분야들 중에서 추가 데이터소스, 특히 빅데이터나 옴니채널 데이터를 삽입할 수 있는 분야가 있는가?
- 어떤 분야에서 핵심성과지표를 5% 상승시켜 상당한 개선효과를 기대할 수 있는가? 참고로, 분석기술을 총체적으로 사용하면, 그동안 핵심성과지표를 잘 관리해온 조직은 핵심성과지표를 5% 상승시키고 관리가 소홀했던 조직은 20% 이상 상승시킬 수 있다.

| QR코드 |

4 - 1

4 - 2

4 - 3

4 - 4

4 - 5

4 - 6

4 - 7

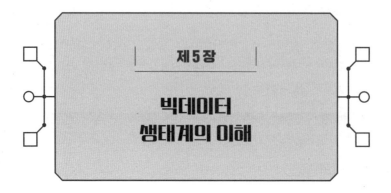

제 5 장

빅데이터
생태계의 이해

무엇이 데이터를
'빅'데이터로 만드나?

'빅데이터'라 불리는 데이터는 아래 'V' 중 하나 이상의 'V'를 특성으로 지닌다. 2001년 가트너의 더그 레이니(Doug Laney)가 정의한 빅데이터의 'V'는 '크기(volume)', '속도(velocity)', '다양성(variety)'이다. 여기에 네 번째 특징으로 '가치(veracity)'를 더하기도 한다.[5-1]

- **크기**는 저장된 데이터의 양을 말한다. 컴퓨터에 직계가족의 이름과 주소가 저장되어 있다면 이것은 그냥 데이터다. 만약 컴퓨터에 전국민의 이름과 주소가 저장되어 있다면 이것은 많은 데

이터다(이 데이터를 저장하기 위해 당신은 아마도 컴퓨터에 다른 프로그램을 설치해야 했을지도 모른다). 그런데 만약 전국민이 당신에게 자신들의 자서전을 보낸다면? 이것은 빅데이터가 된다. 여기서 우리는 이 빅데이터를 컴퓨터에 어떻게 저장할지를 고민해봐야 한다.

앞에서 요타바이트에 이르는 데이터를 저장할 수 있는 NSA 데이터 센터를 살펴봤다.[5-2] 그리고 유튜브가 비정부 부문에서 데이터 스토리지의 최대 소비자일지도 모른다는 이야기도 했다. 이게 다 20억 명 이상의 유튜브 이용자들 덕분이다.[5-3] 그들은 모바일 기기로 동영상을 시청하고 새로운 동영상을 유튜브에 빠른 속도로 업로드한다. 예를 들어 3월 15일 하루 동안 업로드된 콘텐츠에는 줄리어스 시저(Julius Caesar)의 인생이 고스란히 담긴 고화질 동영상도 있었다. 세상은 계속 빠르게 변한다. 과학자들은 유튜브 업로드 속도보다 훨씬 더 빨리 배열순서가 밝혀진 게놈 데이터를 저장할 수 있게 될 것이라고 예측한다.

사·례·연·구

게놈 데이터

머지않아 생물학자들이 데이터 스토리지의 최대 소비자가 될 것이다. 인간 게놈의 배열 순서를 분석하는 시퀀싱 비용은 이제 1,000달러 아래로 떨어졌고 주당 1만 기가의 염기쌍을 분석해낸다. 그리고 50여 개국에 걸쳐 1,000개 이상의 게놈 시퀀싱 센터가 존재한다. 저장된 게놈 데이터는 7개월마다 2배 증가하고 있다.

콜드 스프링 하버 연구소(CSHL)의 정량적 생물학 시몬스 센터의 연구원들은 최근 보고서를 하나 발표했다.[5-4] 이 보고서에서 그들은 곧 유전체학이 대량 스토리지의 세계 최대 소비자가 되리라 예측했으며, 앞으로 10년 동안 20억 명의 게놈의 배열순서가 완전하게 분석될 것이라고 전망했다.

게다가 새로운 게놈 시퀀싱 기술 덕분에 (특히 암 분야에서) 예전에는 상상도 못할 수준의 게놈 변이가 밝혀지고 있다. 이것은 연구원들이 결국 개인 당 수천 개의 게놈의 배열순서를 밝히고 그 데이터를 저장하게 될 것이란 의미다.

- **속도**는 데이터가 얼마나 빠르게 축적되느냐를 말한다. 온라인 쇼핑몰이 10만 건의 상품 검색을 1시간 동안 처리하는 것과 단 몇 초 만에 처리하는 것은 완전히 다르다.

  앞서 일반적인 영상장비와 비교해서 50배 민감하고 1만 배 빨리 조사를 진행할 수 있는 차세대 전파 망원경인 SKA를 소개했다. 일단 완성되면, 이 차세대 무선 망원경은 초당 750 테라바이트의 샘플 이미지 데이터를 수집할 것이다.[5-5] 이 데이터 흐름은 전원이 들어와서 화면이 켜지는 데 걸리는 시간 동안 일반 노트북의 저장용량의 500배에 달하는 데이터 저장 공간을 가득 채우고 점심시간 동안 파리에 있는 모든 노트북을 가득 채우고도 남을 양이다. 이베이는 2002년 테라데이터로부터 대량의 병렬 데이터를 처음 구매했는데 당시 이베이의 데이터 저장용량을 SKA로 수집한 데이터로 채우는 데는 2초도 채 걸리지 않을 것이다.

데이터가 빠르게 생성되면 방대한 양의 데이터가 축적된다. 그렇다고 이것이 항상 문제가 되는 것은 아니다. SKA를 운용하는 천문학자들과 세른의 분자 물리학자들은 빠르게 생성된 데이터를 필터링한 뒤 폐기한다.

• **다양성**은 데이터의 유형과 특성을 말한다. 전통적인 고객데이터는 이름, 주소, 전화번호 등의 필드 값을 가진다. 그러나 주로 데이터는 자유 텍스트, 시각 데이터, 센서 데이터 등이고 일부는 데이터와 타임스탬프가 결합되어 있다. 그래서 모두 합치면 데이터의 유형은 복잡하고 다양해진다. 이런 데이터를 저장하고 분석하는 시스템은 유연해야 한다. 정확한 형태를 예측할 수 없는 데이터를 축적해야 하기 때문이다. 제8장에서는 이런 데이터를 취급하는 기술에 대해 살펴볼 것이다.

빅데이터의 3가지 특성은 극복해야 할 도전과제지만, 이전에는 불가능했던 방식으로 데이터를 활용할 수 있는 엄청난 기회이기도 하다.

· 기억해두기 ·

여러 대의 '보통' 컴퓨터가 함께 조화롭게 작업을 수행하도록 하는 프로그램이 개발되기 전까지, '빅데이터'는 저렴하고 확장 가능한 방법으로는 처리할 수 없는 데이터였으며 일종의 도전과제였다.

분산 데이터 저장

제한적인 저장 공간의 문제는 기본적으로 세 가지 방법으로 해결할 수 있다.

1. 저장 공간이 더 많은 기기를 더 비싼 비용을 들여 구입한다. 그러나 저장 공간이 2배가 되면 가격이 5배 뛸 수 있다. 어느 순간이 되면, 돈을 주고 사거나 사용할 수 있는 더 큰 기기가 없는 지경에 이르게 된다.
2. 별도의 저장장치를 구입한다. 이 경우 데이터를 한 곳에 보관할 때 생기는 기능성이 사라진다.
3. 시스템에 맞지 않는 데이터는 전부 폐기한다.

이 세 가지보다 더 비싼 해결법도 있다. 대량 병렬처리 데이터베이스(MPP)를 이용하는 것이다. 대량 병렬처리 데이터베이스는 하드웨어가 통신망으로 연결되어 각 하드웨어의 데이터베이스가 유기적으로 작동한다. 이 데이터베이스에 추가적으로 기계를 연결하면 저장용량은 증가하지만 비용도 급증한다.

제1장에서도 다뤘지만 아래 두 가지 사건이 데이터 저장의 경제학을 바꿨다.

1. (HP, 델 등에서 생산하는 일반 소비자용 컴퓨터 등) 범용 컴퓨터

의 가격이 급락했다. 덕분에 기업은 범용 컴퓨터로 구성된 작은 군대를 거느릴 수 있게 되었다. 심지어 수백 또는 수천 대의 범용 컴퓨터를 구비한 기업도 생겨났다.

2. 이 범용 컴퓨터를 조율하는 오픈소스 기술이 확산되었다. 특히 하둡 소프트웨어 프레임워크의 등장이 데이터 저장의 경제학을 바꾸는 데 큰 기여를 했다.[5-6]

하둡 분산 파일 시스템(HDFS)은 데이터 저장 비용을 선형으로 바꾼다. 더 이상 5배의 비용을 들여 저장용량이 2배인 대형 기계를 구입할 필요가 없다. 2대의 소형 기계로 2배의 저장 공간을 얻거나, 1만 대의 소형 기계로 수만 배의 저장 공간을 확보할 수 있다. 나중에 더 살펴보겠지만 저비용의 확장 가능한 저장 공간으로 하둡 분산 파일 시스템을 대체할 수 있는 대안 시스템들도 다수 개발되어 있다.

데이터 저장의 경제학이 급변했고, 데이터를 활용하는 방식과 역량에서도 근본적인 변화가 일어났다. 폐기해버렸을 오래된 데이터에서 새로운 통찰을 얻을 수 있게 되면서 기업이 환경의 변화에 보다 민첩하게 대응할 수 있게 되었다. 이제는 정보가 얼마나 세부적인가에 상관없이 모든 과거 사건을 분석할 수 있게 되었다. 데이터 저장 문제를 해결하는 것 보다, 데이터를 잘 활용하여 경쟁우위를 확보하는 것에 집중해야 될 때가 되었다.

2015년 델이 실시한 조사에 따르면,[5-7] 기업의 73%가 분석 가능한 빅데이터를 보유하고 있으며 44%는 어떻게 빅데이터에 접근해야 할지 모르겠다고 응답했다. 캡제미니와 EMC도 유사한 조사를 진행했다. 이 조사는 빅데이터의 파괴성이 여실히 드러났다. 응답자의 65%가 빅데이터를 활용하지 않으면 업계에서 도태되거나 경쟁력이 없어질 수 있음을 인지하고 있었다. 그리고 응답자의 53%는 빅데이터로 말미암아 생겨난 스타트업과의 경쟁이 치열해질 것으로 예상했고, 24%는 이미 인접 분야에서 경쟁자들이 자신들의 분야로 진입하고 있다고 답했다.[1]

분산계산

새로운 빅데이터 기술은 데이터 저장 이외에도 더 많은 부분에서 유용할 것이다. 먼저, 훨씬 더 빨리 설루션을 계산해낼 수 있다. '건초더미에서 바늘을 찾는다'고 생각해보자. 산처럼 쌓인 건초 더미를 1,000개의 작은 더미로 묶고 1,000명의 사람들에게 건초 더미 하나씩 맡아서 바늘을 찾도록 시키면 작업 속도가 훨씬 더 빨라질 것이다. 건초더미가 클수록 이런 접근방식이 더 유용하다. 빅데이터와 관련한 많은 소프트웨어가 이런 방식으로 작동한다. 그리고 소프트웨어의 가격이 떨어지면서 많은 기업이 가장 중요한 문제를 해결하기 위해 추가적으로 컴퓨터를 구매 또는 임대하여 사용하고 있다.

1, 2   Capgemini 저(2015) Big & Fast Data: The Rise of Insight-Driven for Business, Capgemini, London.

원조 하둡 프레임워크에는 두 가지의 핵심 요소가 있다.

1. 하둡의 분산 확장가능 파일 시스템인 하둡 분산 파일 시스템
2. 복수의 컴퓨터에서 계산하도록 프로그래밍 모델인 맵리듀스

건초 더미 접근법과 유사하게 맵리듀스는 특정 작업을 여러 기계에 나눠서 처리하고 그 결과를 다시 합친다. 하둡 분산 파일 시스템이 데이터 저장에 특화되었다면, 맵리듀스는 데이터 처리(계산)에 특화된 시스템이다. 맵리듀스 덕분에 이전에는 며칠 동안 처리했던 연산을 정상적인 프로그래밍 언어와 하드웨어로 몇 시간 또는 몇 분 안에 처리할 수 있게 되었다.

또한 2014년 버클리 대학교의 AMPLab이 개발하고 출시한 스파크는 많은 부분에서 맵리듀스를 대체하는 중이다. 맵리듀스와 비교하면 스파크는 여러 가지 장점을 가지고 있다. 일단 속도에서 스파크가 맵리듀스보다 100배 빠르다.

고속/스트리밍 데이터

'고속 데이터'는 즉시 대응이 필요한 데이터다. 많은 조직이 빅데이터의 활용보다 고속 데이터의 활용을 더 중요하게 생각한다.[2] 오늘날 대부분의 데이터는 빠르고 방대하다. 고속 데이터는 자주 빅데이터의 부분집합으로 간주된다.[5-8]

나중에 사용하기 위해 데이터를 저장하는 동시에 데이터를 실시간으로 분석하고 이용하면 어떤 이득이 생길까? 실시간으로 의사 결정할 때, 새로운 스트리밍 데이터와 이미 저장해 놓은 데이터를 결합할 수도 있다. 이렇게 실시간으로 데이터를 활용할 때 그 나름의 도전 과제가 생기기 마련이다. 이런 문제를 해결하기 위해 **람다 아키텍처**와 아파치 **빔** 등의 새로운 시스템이 개발되었다.

왜 스트리밍 빅데이터를 처리하는 것이 어려울까? 스트리밍 빅데이터를 처리하려면 속도, 대역폭, 일관성과 타이밍에서 추가적으로 더 많은 사항을 고려해야 한다. 이뿐만 아니라 다음처럼 스트리밍 빅데이터에 실시간으로 대응하기 위해서 데이터를 실시간으로 분석할 툴도 필요하다.

- 신용카드 결제시 부정행위 감지
- 오작동 기기 차단
- 네트워크를 통과하는 데이터/트래픽/전력 흐름 리라우팅
- 구매 확률의 최대화를 위해 고객의 직전 활동내역을 바탕으로 고객의 니즈에 맞춰 실시간으로 웹사이트 변경

이동수단이나 제조 시스템 등 사물인터넷의 등장으로 스트리밍 데이터가 증가하고 있다. 이런 데이터를 활용할 때 **회전지연**과 대역폭에 제한이 발생한다. 그래서 실시간으로 처리할 데이터와 나중에 분석할 데이터를 엄격하게 구분해야 한다. 이와 관련하여 포그 컴퓨팅에 대해 알아보자.

포그/엣지 컴퓨팅

포그 컴퓨팅은 '엣지 컴퓨팅'이라고도 불리는 센서 네트워크의 말단에서 데이터를 처리하는 기술이다(그림 5.1). 이런 아키텍처는 대역폭과 신뢰성의 문제를 해소한다.

센서 네트워크가 수집된 센서 데이터를 중앙 컴퓨팅 허브로 보낸 뒤 실행 결과를 내놓는다면, 저전력 광역 통신망인 로라WAN(Long Range Wide Area Network, LoRaWAN)과 같은 기술은 전송속도에서 제약이 생긴다. 이 기술은 휴대폰의 3G 무선 통신망보다 대략 400배 느리다.

이것은 완전히 불필요한 움직임이고 추가적인 잠재 오류 발생 지점이 생긴다. 그래서 컴퓨팅을 네트워크의 말단에 가까이 위치하도록 만드는 것이다.

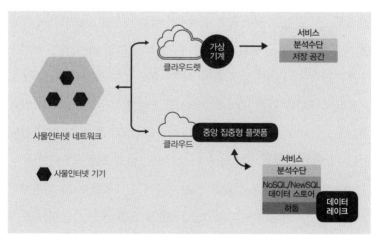

〈그림 5.1〉 포그 컴퓨팅 도식화 5-9

오픈소스 소프트웨어

오픈소스 소프트웨어 덕분에 빅데이터 기술이 빠르게 확산되고 있다. 오픈소스 소프트웨어의 컴퓨터 코드는 자유롭게 활용되고 수정될 수 있다. 오픈소스 소프트웨어를 언급하지 않고 빅데이터를 논하는 것은 불가능하다.

오픈소스의 역사

초기에 컴퓨터 코드는 아이디어나 방법론이라 여겨졌기 때문에 저작권 보호의 대상이 아니었다. 1980년 미국에서 저작권 보호법이 확대되면서 보호 대상에 컴퓨터 프로그램이 포함되었다.[5-10]

1983년 MIT의 리처드 스톨먼(Richard Stallman)은 소프트웨어 저작권에 반기를 들고 자유롭고 공개적인 협업을 통한 소프트웨어 개발을 지지하는 운동을 펼쳤다. 그는 (재판매 불가 등) 몇 가지 기본 조건을 충족하고 누구나 자유롭게 운영, 복제, 배포 또는 수정할 수 있는 소프트웨어 개발을 위한 프로젝트(1983)를 진행했고 성명서(1985)를 발표하고 그 기틀(1989)을 마련했다. 그는 이것을 GNU 프로젝트라고 불렀고[5-11] 그 법적 기틀은 일반 공중 라이선스(GPL)의 최초 버전이었다.

GNU 프로젝트에서 많은 소프트웨어가 개발됐고 그 과정에서 1992년 리눅스가 출시됐다. 리눅스는 현재 아주 흔히 사용되는 운영 시스템이다. 약간 과장을 하자면, 한때 거의 모든 소프트웨어 개발자들이 리눅스를 사용해서 소프트웨어를 개발했다.

1990년대 어디서나 사용되는 기본적인 기능에 기반을 둔 오픈소스 소프트웨어가 개발되었다. 바로 아파치 서버 HTTP다. 아파치 서버 HTTP는 웹의 성장에 지대한 역할을 했다. 이 오픈소스 소프트웨어의 기원은 1993년 8명의 개발자가 참여한 프로젝트에서 출발한다. 1995년 처음 출시된 이후 15년 동안, 아파치 서버 HTTP는 1억 개 이상의 웹사이트에 기본적인 서버 기능을 제공했다.[5-12]

대부분의 기업은 자유롭게 이용할 수 있는 오픈소스 소프트웨어를 활용하여 비즈니스 모델을 구축하지 않았다. 하지만 많은 개발자들은 오픈소스 소프트웨어를 이용해서 새로운 소프트웨어를 개발했다. 그 결과 특허 소프트웨어와 오픈소스 소프트웨어가 동시에 성장했다.

얼마 지나지 않아, 오픈소소 소프트웨어의 전환점이 되는 흥미로운 사건이 발생했다. 1998년 마이크로소프트의 인터넷 익스플로러와 경쟁하는 브라우저를 개발했던 넷스케이프가 브라우저 소스코드를 대중에게 공개하겠다고 선언했다.[5-13] 이를 기점으로 기업적 차원과 개인적 차원에서 오프소스 소프트웨어의 개발이 활발해졌다.

1999년 아파치 서버 HTTP는 이미 널리 사용되고 있었다. 이 서버를 개발했던 사람들이 모여서 개발자들의 분권화된 오픈소스 커뮤니티인 아파치 소프트웨어 재단을 설립했다. 아파치 소프트웨어 재단은 오픈소스 빅데이터 소프트웨어가 출시되는 주된 장소이다. 2006년 아파치 소프트웨어 재단에서 하둡이 출시됐고 하둡의 하둡 분산 파일 시스템에서 구동되는 소프트웨어의 대부분이 아파치 소프트웨어 재단의 조건에 따라 허가를 받는다.

그림 5.2는 1997년 부터 2017년까지 아파치 소프트웨어 재단 소속 개발자들의 증가를 보여준다.

라이선싱

오픈소스 소프트웨어에 일반적으로 사용되는 라이선스가 여러 개 있다. 그런데 배포, 수정/변경, 재실시권, 코드 연결 등에 대한 제한사항에 차이가 있다. GNU에서 제공하는 GPL 원안은 현재 3가지 버전이 있다. MIT처럼 아파치 소프트웨어 재단도 자체 버전의 라이선스를 보유하고 있다.

코드배포

오픈소스 소프트웨어는 일반적으로 소스코드나 컴파일 코드로 공개된다. 깃허브(GitHub) 또는 빗버킷(Bitbucket)과 같은 플랫폼에 호스팅되는 것과 같은 **버전 관리 시스템**(VCS)에서 코드 변경이 관리된다. 이런 시스템으로 투명하게 코드를 삽입하거나 변경할 수 있다. 예를 들면 누가 언제 코드를 변경했는지 알 수 있다. 소프트웨어 개발자는 자신들이 변경한 코드를 이력서에 자랑거리로 적는다.

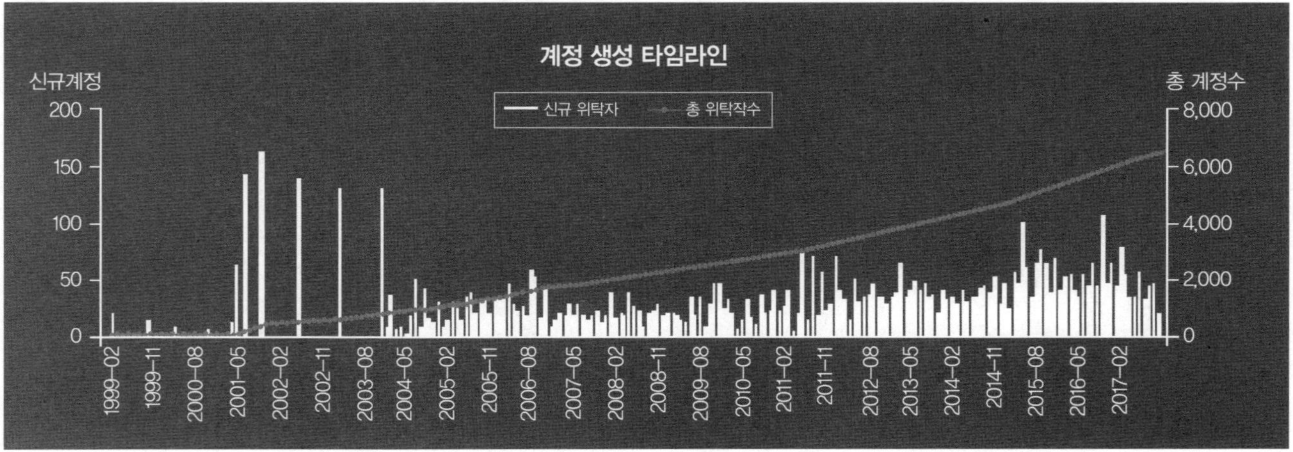

〈그림 5.2〉 아파치 소프트웨어 재단 기부자의 증가 1999~2017 5-14

오픈소스의 장점

많은 프로그래머들이 소프트웨어는 무료여야 한다는 강한 신념으로 오픈소스 프로젝트에 참여하고 있다. 여기서 과연 기업이 상당한 자원을 투자하여 개발한 소프트웨어를 무료로 배포하고 코드를 공개할지 궁금할 것이다. 사실 소프트웨어 개발업체조차도 이런 프로그래머들의 신념을 의아하게 생각했다. 2001년 당시 마이크로소프트 임원이었던 짐 알친(Jim Allchin)은 이런 말을 남겼다.

"소프트웨어 사업과 지적재산 사업에 '오픈소스'보다 더 나쁜 것을 상상할 수 없다."[5-15]

그럼에도 불구하고 마이크로소프트는 이후 오픈소스 커뮤니티의 성장에 많은 기여를 했다. 회사의 소프트웨어의 소스 프로그램을 공개하는 편이 좋다는 데는 다음과 같은 다양한 이유가 있다.

- 지원서비스나 기능이 강화된 비공식 버전의 매출로 이어질 수 있는 소프트웨어의 확산을 촉진한다.
- 다른 매출원이 될 수 있는 소프트웨어의 확산을 촉진한다. 예를 들어, 회사에서 생산한 하드웨어나 (유료) 하드웨어에서 구동되는 소프트웨어의 코드 프로그램을 공개하는 경우다.
- 회사 내에서 중요한 업무용으로 개발한 소프트웨어를 디버그하고 개선하는 데 오픈소스 커뮤니티의 집단 지성을 활용한다.

- 전매하는 제품에 오픈소스 라이선싱의 대상인 코드를 삽입할 때 라이선싱 요건을 충족시킨다.
- 기술 수준이 우수한 기업이라는 홍보효과를 누리고 최고의 인재를 확보하는 데 도움이 된다.

> **· 기억해두기 ·**
>
> 오픈소스 저장소에 소프트웨어를 추가하는 것은 자기 자신과 회사를 홍보하는 좋은 수단이다.

빅데이터와
오픈소스

오픈소스는 빅데이터 생태계에서 중요한 역할을 해왔다. 하둡의 기본 개념이 2003년 학술지에 발표됐고 하둡 자체는 2006년 (오픈소스) 아파치 프로젝트로 개발됐다. 그 이후 수십여 개의 하둡과 연결된 소프트웨어 툴이 아파치 소프트웨어 재단에서 개발되거나 배포됐다.

하둡과 관련 없는 많은 빅데이터 툴이 아파치 소프트웨어 재단에서 개발되거나 아파치 라이선스에 따라 허가를 받았다. 몽고DB와 카산드라가 대표적인 사례다. 앞에서 언급한 랩 기반 빅데이터 프레임워크인 스파크는 버클리 랩에서 개발됐고 이어서 아파치 프로젝트로 출시됐다. 빅데이터용 그래프 데이터베이스인 네오4제이(Neo4j)는 아파치 프로젝트는 아니지만, 오픈소스된 커뮤니티 버전이고 현재 GPL의

버전3에 따라 허가를 받았다.

특정 회사나 개인이 소유권을 지닌 빅데이터 툴은 여전히 많다. 그리고 오픈소스 소프트웨어보다 이런 특허 설루션이 선호되는 경우도 있다. 그 이유에 대해서는 제9장에서 살펴보도록 하자.

클라우드 컴퓨팅

간단히 말해 클라우드 컴퓨팅은 하드웨어든 소프트웨어든 중앙에 집중된 컴퓨팅 리소스를 공유하는 모델이다. 클라우드 컴퓨팅의 형식은 다양하다. AWS, 애저, 구글 클라우드 등 공공 클라우드가 있다. 반면 대형 조직은 컴퓨팅 리소스를 중앙에서 직접 관리하고 사업부서의 널뛰는 니즈를 만족시키기 위해 유연하게 컴퓨팅 리소스를 할당한다.

개인용 및 사업용 클라우드 컴퓨팅은 아주 흔해졌다. 지메일을 쓰거나 애플이나 구글에 스마트폰으로 찍은 사진을 저장할 때 클라우드 컴퓨팅이 사용된다. 그리고 사람들이 **세일즈포스** 소프트웨어를 사용하듯이 넷플릭스와 같은 기업은 서비스 운용을 위해 클라우드 컴퓨팅에 아주 많이 의존한다. 클라우드 컴퓨팅이 빅데이터 생태계의 핵심이 되는 이유는 다음과 같다.

- **속도와 민첩성**: 클라우드 컴퓨팅은 조직의 데이터 이니셔티브를 쉽고 빠르게 테스트하고 범위를 조정할 수 있도록 돕는다. 일단 아이디어가 준비되면, 대형 하드웨어 구매 승인을 더 이상

기다릴 필요가 없다. 대형 하드웨어 구매 승인이 빨리 떨어져도 설치하는 데 시간이 걸린다. 대신 클라우드 컴퓨팅을 활용하면 신용카드와 최소한의 예산으로 단 몇 분 안에 빅데이터 이니셔 티브를 시작할 수 있다.

- **전문 기술에 대한 의존성 감소:** 기본적으로 하드웨어와 네트 워크를 설치해주는 서비스로서의 인프라스트럭처뿐만 아니라 (빅)데이터 이니셔티브의 착수에 필요한 소프트웨어를 제공 하는 기업이 있다. 예를 들어, 운영체제, 데이터베이스 등을 아 우르는 **서비스로서의 플랫폼**(PaaS), 애저ML, 지메일, 세일즈포 스 등 호스팅 애플리케이션을 포괄하는 **서비스로서의 소프트웨 어**(SaaS)가 있다. 이런 서비스 업체에 많은 비핵심 업무를 맡기 면, 기업은 보다 핵심적인 업무에 집중할 수 있다.

- **비용절감:** 활용 사례와 변하는 시장 가격에 따라 클라우드 컴 퓨팅이 조직 내 하드웨어와 서비스를 직접 보유하는 것보다 저 렴할 수 있다. 클라우드 컴퓨팅은 IT비용을 설비투자에서 운영 비용으로 이전할 수 있는 기회를 제공한다.

이처럼 빅데이터 프로젝트에 클라우드 컴퓨팅을 활용하면 민첩 성과 확장 가능성이 엄청나게 증가한다. 클라우드 컴퓨팅과 관련하여 고려해야 할 미묘한 사항들은 이 외에도 여럿 있지만 제11장에서 데 이터 거버넌스와 법률 준수를 다루면서 더 자세히 설명하겠다.

지금까지 빅데이터와 관련된 주요 주제들에 대해 알아보았다. 이 제 빅데이터를 실제 조직에 활용하는 방법에 대해 살펴보자.

- 오늘날의 데이터 설루션은 방대하고 생성 속도가 빠르며 형태가 다양한 데이터를 처리하도록 설계되었다.
- 이런 데이터를 처리하는 핵심은 다수의 소형 컴퓨터에 저장과 계산 로드를 분산하는 소프트웨어다.
- 대중적으로 사용할 수 있는 오픈소스 소프트웨어는 빅데이터 기술의 확산에 있어 중요하다.
- 클라우드 컴퓨팅은 기업이 데이터와 애널리틱스와 관련한 이니셔티브를 시작하고 그 규모를 조정하는 데 핵심 계기가 된다.

| 생각해보기 |

- 오픈소스 소프트웨어를 이용하는 대신 기업이 독자적으로 소프트웨어를 개발하거나 전문업체가 개발한 전문 소프트웨어를 구입해야 할 분야는 어딘가? 이것을 제외한 나머지 분야에서 활용할 수 있는 오픈소스 소프트웨어는 무엇이고 어떤 이득을 얻을 수 있나?
- 실시간으로 데이터를 분석하고 대응하는 기술이 유용하게 사용될 분야는 무엇인가? 예를 들어, 실시간 개인화, 추천, 마케팅, 경로 계획 그리고 시스템 튜닝을 생각해봐라.
- 중앙에서 데이터를 처리하기 위해서 데이터를 주고받느라 제시간에 처리하지 못한 중요한 업무가 있는가? 그중에서 데이터를 분산적으로 처리하거나 스파크 또는 플링크처럼 스트리밍 기술을 이용해서 작업의 속도를 높일 수 있는 업무가 있나?
- IT의 어느 부문을 아직 클라우드로 이전하지 않았나? 이전에 클라우드가 너무 위험하거나 비싸다고 생각했기 때문에 사용하지 않았을 수도 있다. 그러나 상황이 바뀌었다는 사실을 이제는 알고 있을 것이다. 그럼에도 클라우드 컴퓨팅의 도입을 꺼리는 이유가 있는가? 클라우드 컴퓨팅 기술은 빠르게 발전하고 있고 전통적으로 클라우드를 경계했던 기업이 클라우드 도입에 대해서 점점 개방적으로 변하고 있다.

| QR코드 |

5 - 1

5 - 2

5 - 3

5 - 4

5 - 5

5 - 6

5 - 7

5 - 8, 9

5 - 10

5 - 11

5 - 12

5 - 13

5 - 14

5 - 15

빅데이터 생태계의 조성

제 6 장

빅데이터와
비즈니스 전략

기업의 전략을 평가할 때, 가능한 모든 데이터를 수집하고 이용해서 **고객**, **경쟁자** 그리고 기업과 **자사 제품**에 영향을 미치는 **외부 요소**를 깊게 이해하고 싶을 것이다. 심지어 전략의 중심축을 고려할 때도 마찬가지다. 여기서 빅데이터 생태계가 중요한 역할을 한다. 빅데이터 생태계는 이전에는 불가능했던 방식으로 데이터에서 통찰을 제공하고 기업 활동의 방향을 제시할 것이다.

고객

고객 데이터는 기업에게 가장 중요한 자산 중 하나다. 이전보다 이용할 수 있는 고객 데이터가 더 많아졌다. 고객 데이터는 기존 고객과 잠재 고객에 대해서 기대했던 것 보다 훨씬 더 많은 것을 알려준다. 예를 들어, 그들은 누구고 무엇이 그들에게 동기를 부여하고 그들은 무엇을 선호하고 그들의 습관은 무엇인지 등이다. 데이터를 많이 수집할수록 고객을 보다 정확하게 이해할 수 있다. 그래서 가능하면 많은 데이터 소스에서 가능한 많은 데이터를 수집하는 것이 좋다.

데이터 수집

우선, 고객과 상호작용이 일어나는 모든 지점을 파악한다.

- 웹사이트, 애플리케이션 그리고 키오스크 등 디지털 플랫폼.
- 유선통화, 이메일, 모바일 상담 등 고객 서비스 센터.
- 다이렉트 메시지(DM), 트윗, 회사 계정 또는 고객 계정에 올라온 포스트 등 소셜미디어.
- 매장 비디오와 동선 로그 등 고객의 움직임 기록 등. 내장 센서, 와이파이, 블루투스, 비콘(블루투스를 활용한 근거리 통신 기술) 그리고 심지어 스마트폰 애플리케이션의 광선 주파수 등 고객의 동선을 모니터하는 데 유용한 기술이 많이 개발되어 있다.
- 일부 산업에서, 센서, RFID 태그, 그리고 생체기록, 가속계 데이터, 외부 온도 등의 데이터를 제공하는 개인 운동량 측정기기 등에서 추가 (위치와 관련 없는) 센서 데이터에 접속할 수 있다.

각 상호작용 지점에서 다음의 목록을 작성한다.

- 여기서 어떤 데이터를 수집할 수 있나?
- 수집한 데이터를 어디에 사용할 수 있을까?
- 사생활 보호와 데이터 거버넌스와 관련하여 고려할 사항은 무엇인가? (제11장 참조)

많은 조직에게 고객과의 상호작용 지점은 오프라인 매장과 온라인 매장, 애플 iOS 그리고 안드로이드 애플리케이션, 소셜미디어 채널, 매장의 고객 응대 직원, 콜센터, 온라인 메신저와 소셜미디어 등이다. 지금부터 몇 가지 사례를 자세히 들여다보도록 한다.

디지털 플랫폼

우선은 디지털 플랫폼부터 살펴보자. 기본부터 짚어보도록 하겠다. 당신의 홈페이지에는 큰 이벤트들을 기록하는 웹 애널리틱스 태그가 이미 설치되어 있을 것이다.

방문자가 검색을 하거나 필터를 설정하거나 자료를 다운받거나 동영상을 보거나 장바구니에 아이템을 담는 등 고객여정에서 일어나는 모든 움직임을 기록해라. 그리고 스크롤과 마우스가 머무르는 시간 등 마우스의 움직임도 빼놓지 말자. 여기에 태그를 달아 나중에 필요할 때 관련 데이터를 불러내서 활용할 수 있어야 한다. 예를 들어 제품 카테고리, 가격범위, 제품 ID에 관한 세부내용을 각 아이템이 포스팅된 페이지와 연결된 웹 태그에 추가하는 것이다. 이렇게 하면 필요한 데이터를 빠르게 불러내서 분석할 수 있다. 그리고 방문자들이 특정 범주의 상품을 얼마나 자주 보는지, 목표를 달성하는 데 마케팅이 얼마나 효과적인지 등을 확인할 수 있다. 결과적으로 고급 웹 애널리틱스 데이터에 수십 개 또는 수백 개의 구체적인 분야가 추가될 것이다. 그러나 이것들은 아직 빅데이터가 아니다. 추가 태그는 고객여정을 깊이 분석하고 이해하는 데 도움이 될 것이다. 그리고 웹사이트에 포스팅된 상품과 고객이 얼마나 다양한 방식으로 상호작용을 하는지도 알 수 있다. 이와 관련된 사례는 아래에서 살펴보도록 하겠다.

이미 이렇게 해왔다면, 구매와 같은 중요한 컨버전(전환)으로 이어질 후속 사건에 고객을 유도하기 위해 컨버전 깔때기를 설치해봐라. 그림 6.1이 기본적인 구매 깔때기이다.

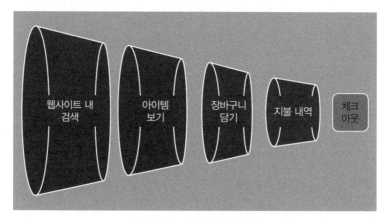

〈그림 6.1〉 표본 컨버전 깔때기

컨버전 깔때기에서 즉시 달성해야 할 각각의 목표는 마이크로 컨버전이다. 이 마이크로 컨버전들이 모여서 매크로 컨버전으로 이어진다(이 경우는 '체크아웃'이다). 고객의 참여를 강화하고 최종 컨버전으로 이어질 가능성이 높은 매크로 컨버전을 선택해야 한다. 컨버전 깔때기를 설치하면 각 단계에서 고객 이탈률을 분석할 수 있다. 이를 통해 고객 이탈 등 잠재적인 문제가 발생할 수 있는 지점을 파악하고 해결할 수 있다. 그리고 깔때기의 각 단계를 통과하는 고객의 비율을 높여 결국 깔때기의 끝에 있는 마지막 컨버전에 이르는 고객의 비율도 증가시킬 수 있다. 상품에 따라 고객이 깔때기를 이동하는데 며칠, 몇 주 또는 몇 달이 걸릴 수 있다. 그러므로 '이탈'의 기준을 분명히 세워야 한다.

사생활 보호와 데이터 거버넌스와 관련하여 웹 쿠키의 사용과 관련된 현지법을 조사하고 준수해야 한다. (IP 주소 등) 개인 유저의 신분을 알려주는 브라우징 데이터를 어디에 저장하고 있는지 기록해야 한다. 그리고 각 유저의 니즈에 적합하게 상호작용방식을 개인화하고 그 과정에서 얻은 통찰을 향후 어떻게 사용하였는지도 기록해두어야 한다. 예를 들어 유저의 온라인 활동을 바탕으로 콘텐츠와 마케팅을 개인화한다면, 이 전략이 윤리적으로 그리고 법적으로 어떤 의미가 있는지를 고민해야 한다. 타깃의 사례를 기억해라.

이제 빅데이터 얘기로 넘어가자. 당신은 기업이나 자신에게 가장 의미 있는 세부 정보를 기록하기 위해서 웹 애널리틱스를 설치했다. 그 다음에 웹사이트 방문객들의 모든 온라인 사건을 기록할 빅데이터 시스템에 웹페이지를 연결해야 한다. 하둡 분산 파일 시스템과 같은 빅데이터 저장소와 해당 사건을 저장소로 보내는 (일반적으로 자바스크립트) 코드가 필요할 것이다. 그나마 손쉬운 설루션을 찾는다면, 구글 애널리틱스의 프리미엄 서비스를 사용해서 빅쿼리 통합을 실행하는 것이다. 이것은 웹 데이터를 구글의 클라우드로 보내서 단 몇 시간 내에 데이터를 자세히 분석해낸다. 실시간으로 데이터가 필요하다면 GA 자바스크립트 방식인 센드힛태스크(sendHitTask)를 변경하고, 같은 데이터를 구글과 자체 저장 시스템으로 보낼 수 있다. 그림 6.2가 이런 아키텍처의 사례다. 여기서 주의할 점은 구글의 규정상 **개인식별정보**

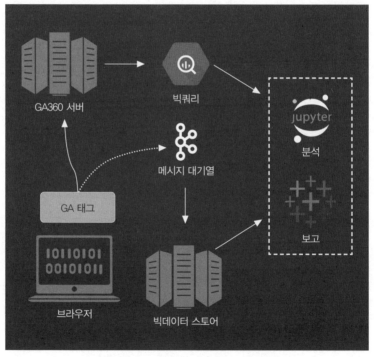

〈그림 6.2〉 스트리밍 빅데이터 실행을 위한 아키텍처

*출처: 빅쿼리, 아파치 카프카, 주피터 노트북, 태블로

(PII)가 포함된 데이터는 취급하지 않는다는 것이다(개인식별정보에 대해서는 제11장에서 추가적으로 살펴볼 것이다).

당신은 이제 고객들을 자세하게 이해하는데 필요한 미가공 고객(빅)데이터를 확보했다.

고객 지원

전화응대, 온라인 상담, 이메일 그리고 매장 카메라에 찍힌 고객 등 판매원과 고객지원 담당자가 고객과 하는 모든 상호작용을 기록하고 분석한다고 생각해보자. 이런 데이터를 조각조각으로 나눠서 검토하기는 쉽지만, 어느 정도 규모가 되면 고급 분석툴 없이 분석하기는 힘들다. 이러한 고객과의 상호작용 데이터를 저장할 때, 고객지원 담당자는 고객ID와 상호작용 시간 등 추가 정보를 삽입하고 '주문 질의', '신규 구매', '구매 취소' 또는 '불만접수' 등 의미 있는 범주로 데이터를 분류한다. 이렇게 하면 (몽고DB나 하둡 분산 파일 시스템 등) 빅데이터 저장 시스템에 전체 데이터 파일이 저장될 수 있다. 이번 장의 후반부에서 이런 데이터를 활용하는 방법에 대해 살펴볼 것이다.

물리적 움직임

매장에서 고객이 어떻게 움직이고 있는지 모니터할 때 활용할 수 있는 기술이 많다. 전통적인 비디오 카메라와 입구 검색대 뿐만 아니라 무선통신, 블루투스 또는 와이파이를 기반으로 한 스마트폰의 움직임을 추적하는 기술도 있다. 쇼퍼트랙과 워크베이스 같은 전문업체들이 이런 추적기술을 제공한다. 이런 모니터링이 고객의 브라우징 패턴을 이해하는 데 도움이 된다. 예를 들어 어떤 고객인 어떤 범주의 아이템을 살펴보고 있는지, 해당 아이템을 구매하기까지 걸린 시간이 얼마인지 등을 이해할 수 있다. 그리고 계산대 직원과 고객지원 담당자에게 도움이 필요한 고객이 어디에 있는지도 알려줄 수 있다. 심지어 익명의 고객이라도 고객과 관련된 이런 데이터는 귀중하다.

고객은 아마도 신용카드로 결제를 할 것이다. 이때 우리는 구매 품목 뿐만 아니라 고객이 매장에서 둘러본 다른 아이템에 대한 정보도 얻을 수 있다. 이 정보는 향후 마케팅이나 현재 매장 배치가 교차판매를 저해한다고 판단되면 배치를 재설계하는 데도 이용될 수 있다.

이것은 오프라인 매장에서 고객 데이터를 분석한 몇 가지 사례에 불과하다. 우선 고객에 대하여 가능한 많은 데이터를 수집하고 저장부터 해야 한다. 그리고 이런 데이터를 활용할 때는 비즈니스 가치를 고려하고 고객의 개인정보를 소중히 여기고 데이터의 수집, 저장 및 이용에서 현지법을 준수해야 한다. '고객에게 도움이 되는 것'과 '고객이 소름끼치게 만드는 것'의 선을 넘지 않도록 조심해야 한다. 고객의 이익을 항상 명심해야 한다. 그리고 고객 데이터를 활용하는 모든 방법이 공공의 지식이 된다는 사실을 항상 기억해야 한다.

고객 데이터
연결하기

고객여정을 전체적으로 이해하기 위해서 상호작용 지점에서 발생한 고객 데이터를 연결해야 한다. 고객이 웹사이트에서 취소정책을 읽은 뒤 콜센터로 전화를 걸었다면 시스템이 이 두 사건을 연결할 수 있어야 한다. 이를 위해 통화기록과 함께 전화번호나 유저 이름 등 고유의 고객 필드를 삽입해라.

매장을 거닐고 있는 고객을 모니터하고 있다면 (사생활 침해 여부에 대해 고려하면서) 뒤이어 발생한 매출 정보와 고객의 동선을 연결해볼 필요가 있다. 발자취 데이터와 함께 타임스탬프와 판매점의 위치를 기록하면 매출정보와 고객의 동선을 연결할 수 있다. 중앙에서 그 데이터를 결합시키면 고객여정의 완전한 그림을 그릴 수 있다.

때때로 익명의 고객 데이터가 활용되기도 한다. 예를 들자면 트래픽 흐름을 분석하는 경우다. 고객 생애 활동을 분석하는 경우처럼 이름을 알고 있는 고객 데이터를 사용하는 경우도 있다. 이름을 알고 있는 고객 데이터를 활용하는 경우, 데이터 중복을 피해야 한다. 이 작업은 어려워서 성공률이 낮다. 그리고 서비스를 이용하는 고객이 항상 고유 ID를 제시한다면 좋겠지만, 그렇지 않은 경우도 훨씬 더 많다. 온라인 환경에서는 (페이스북처럼) 이용자가 지속적으로 고유 ID로 웹사이트에 로그인을 해야 한다. 오프라인 환경에서는 일반적으로 사진이 부착된 ID가 필요하다. 그러나 대부분의 경우엔 사진이 부착된 ID를 고객에게 발급할 여유가 없다. 그러므로 고객이 누구인지 알 수 없을 때는 그 고객과의 상호작용을 통해 생성된 모든 데이터를 연결시키는 것이 최고다.

고객의 신원을 확인할 때는 아래의 문제들과 마주하게 될 것이다.

- **문제**: 고객들이 신분을 밝히지 않는다(예를 들어 웹사이트에 로그인을 하지 않는다).
- **가능한 해결책**: 웹 쿠키와 IP주소를 이용해서 동일 인물의 방문 데이터를 연결하여 익명 고객의 고객여정을 전체적으로 파악한다. 지불내역을 이용해서 익명의 고객과 구매내역을 연결한다. 스마트폰이 설치된 앱에 정보를 제공하여 고객 데이터와 익명의 고객을 추가적으로 더 연결할 수 있을지도 모른다. 그러니 이와 관련해서 스마트폰 앱 개발자와 상의해보기를 바란다.

- **문제**: 고객들이 여러 개의 로그인 계정을 만든다.
- **가능한 해결책**: 이름, 이메일 주소, 집 주소, 생년월일이나 IP 주

소 등 핵심 필드가 중복되는 계정을 찾아내서 정리하여 데이터베이스를 청소한다. 그림 6.3처럼 네오4제이와 같은 그래픽 데이터베이스가 도움이 될 수 있다. (배우자 등) 특별한 필드를 사용하여 어느 고객을 병합하고 어느 고객을 연관 지을지를 결정하는 로직을 만드는 업체와 협업해라. 계정 생성 프로세스를 변경하여 중복 계정을 찾아내고 중복 계정의 생성을 막는다. 예를 들어, 기존 계정에 사용된 이메일 주소로는 새로운 계정을 만들 수 없도록 하는 것이다.

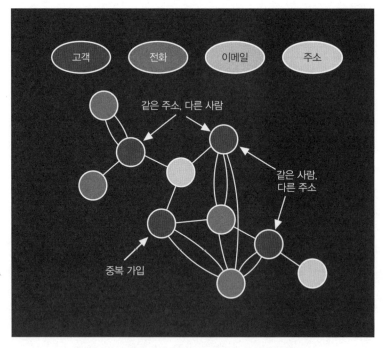

〈그림 6.3〉 그래프 데이터베이스는 중복 고객 제거를 돕는다

데이터 이용

표준 애널리틱스 툴로 통합적으로 수집된 익명의 고객 데이터도 유용하다. 여기서 많은 고객이 방문하는 시간대와 웹사이트에서 머무르는 평균 시간, 조회한 페이지 수, 각 페이지에 방문한 고객의 수, 마케팅을 보고 방문한 고객의 수 등 유용한 정보를 얻을 수 있다.

지역과 고객 확보 소스 등을 기준으로 해당 고객군의 총 거래량을 파악할 수도 있다. 특히 마케팅, 휴일, 비수기 그리고 신규 프로모션 등과 비교하여 자사 제품이 어떻게 그리고 언제 사용되었는지 파악 가능하다.

고객여정

고객의 의향, 취향, 습관 등 이해하고자 할 때, 빅데이터를 통해 얻은 통찰은 훨씬 더 유용해진다. 이미 고객은 집 주소, 성별, 언어, 연령 그리고 가능하다면 소득 수준 등 고정 값을 기준으로 **페르소나**로 세분화되어 있어야 한다. 참고로 더블클릭 쿠키를 활성화시키면 구글 애널리틱스가 (더블클릭 쿠키를 이용해서 수집한) 인구통계 정보를 제공한다.

아래의 고객여정 데이터를 포함하도록 고객 분류 기준을 확대하는 것이 좋다.

- **고객은 '높은 가격순', '낮은 가격순', '높은 평정순', '신상품**

순' 등 주로 어떤 필터를 사용하나? 낮은 가격에서 높은 가격 순으로 검색을 하는 고객은 아마도 가격에 민감할 것이다. 반면 높은 가격에서 낮은 가격순이나 평점이 높은 아이템을 검색하는 고객은 품질에 민감할 가능성이 높다. 제일 먼저 최신 상품을 검색하는 고객은 품질에 민감하거나 신기술에 열광하거나 얼리어답터일 가능성이 있다. 이 모든 것은 고객과의 상호작용에 영향을 미친다. 고객이 품질에 민감하지만 가격에 둔감하다면, 검색 결과와 광고 메일에 품질이 우수한 제품을 소개해야 한다. 이런 고객에게 재고 정리 세일 대상인 초기 모델을 추천하면 안 된다. 가격에 민감한 고객층과는 완전히 반대로 상호작용을 해야 한다.

- **고객은 최종 구매 전에 몇 개의 아이템을 확인하나?** 이런 정보는 어느 단계에서 개입을 할지를 결정하는 데 도움이 된다. 예를 들어, 고객이 제품을 구입하지 않고 웹사이트를 나가려고 할 때, 할인 상품을 추천하는 것이다.

- **고객이 가장 자주 확인하는 카테고리는 무엇인가?** 이 정보는 고객을 세분화하고 검색어가 애매한 경우에도 가장 관련 있는 검색결과를 제공하는 데 도움이 된다(예를 들어 자동차 브랜드 '재규어'와 동물 '재규어', 플로리다의 '파나마시티'와 파나마의 '파나마시티'는 둘 중 무엇을 의미하는지 분명하지 않다). 그리고 이 정보를 이용해 고객에게 무슨 아이템을 마케팅할지 방향을 정할 수 있다.

- **고객은 비용을 절약하기 위해서 배송수단을 변경하나?** 이것

은 고객이 가격에 민감하다는 신호일 수 있다.

- **고객은 후기를 읽거나 직접 작성하는가?** 고객이 항상 후기를 읽는다면 그들에게 광고 메일, 검색결과 또는 교차판매 추천 상품으로 후기가 나쁜 아이템을 제시해서는 안 된다. 고객이 자주 후기를 작성하거나 많은 팔로워를 보유하고 있다면, 그들에게 '최고의'고객 지원 서비스를 제공해야 한다.

- **고객은 뉴스레터나 반짝 세일 등 어떤 마케팅에 가장 잘 반응하나?** 절대 확인하지도 않는 마케팅 메일을 고객에게 보내지 마라. 고객과 가장 관련이 있는 매체를 활용하면 고객이 '구독 취소'를 클릭하는 대신 마케팅 자료에 관심을 가질 확률이 올라갈 것이다.

- **활발하게 소셜미디어 활동을 한다면, 고객이 가장 많이 다루는 주제와 해시태그는 무엇인가?** 이 정보를 이용해서 고객에게 효과적으로 마케팅할 수 있을까? 모든 관련 정보를 이용해서 고객의 유형을 정확하게 파악할 수 있다. 고객의 소셜미디어 계정에 접속할 방법을 찾아라. 제4장에서 언급했듯이, 고객의 소셜미디어를 잘 살펴보면 그들에 대해서 많은 것을 알 수 있다.

고객 분류(페르소나)

수집한 데이터로 고객을 세부적으로 나눌 때 핵심 기준을 결정해야 한다. 예를 들면, '가격에 민감한 20~30대 남성', '구매 결정을 신속하게 내리는 기술 애호가', '매일 특정 카테고리를 검색하고 할인 행사에만 구매를 하는 고객' 등으로 분류할 수 있다. 데이터를 활용하는 마케팅 전문가들의 직감을 이용하여 질적으로 고객을 분류하거나 **군집화**와 **주성분 분석** 같은 분석 툴을 이용해서 양적으로 고객을 분류할 수 있다. 두 방법 모두 유효하지만, 여러 방식으로 분류될 수 있는 데이터를 많이 가지고 있다면, 양적 분류가 더 효과적일 것이다.

재고

이 고객여정 데이터는 회사의 재고가 고객 경험에 어떻게 영향을 주는지에 대해 보다 깊은 통찰을 제공할 것이다. 매출이 저조한 제품의 판매를 중단하기로 회사 내부적으로 결정을 해서 고객여정 데이터를 분석해 수익성이 없는 제품을 파악하다가 온라인 매출실적이 상당한 제품이 확인되었다. 매출이 저조하다고 판매를 중단하기 전에, 온라인에서 이 제품을 구매한 고객이 온라인에서 무엇을 검색했고 왜 해당 제품을 구매하기로 결정했는지가 궁금할 것이다. 처음부터 회사의 웹사이트로 이 고객을 유인해서 해당 제품을 구매하도록 만들 수도 있기 때문이다.

이와는 반대로 고객여정 데이터의 분석을 통해 검색결과에는 자주 등장하지만 고객은 전혀 관심이 없는 제품이 확인될 수도 있다. 이 경우, 제품 검색 결과의 배치를 바꾸거나 해당 제품의 판매를 중단해야 한다. 이 제품이 앞 자리를 차지하고 있어서, 정작 검색해서 결과로 나와야 하는 제품이 검색되지 않거나 검색결과에서 뒤로 밀려 매출에 지장을 줄 수 있기 때문이다.

결정적인 개입

기본적인 분석 툴과 고급 머신러닝으로 고객 데이터를 분석하면, 고객 이탈률을 감소시키고 매출을 높이는 방법이 생길 수 있다. 고객들이 주로 어디서 언제 활발하게 활동하는지를 분석하는 것만으로도 고객지원부서의 근무일정을 조정하고 그들의 기술을 효과적으로 활용하는 데 도움이 된다. 그리고 고객의 다음 행보를 예측하는 데도 유용하다(지난주에 매장을 2번 방문했던 고객은 고가의 제품을 구매할 확률이 높다).

고객 데이터를 조금 더 깊이 분석하면, 미묘하지만 중요한 신호를 감지해낼 수 있다. 유럽의 한 통신업체는 최근에 가입을 취소하는 고객의 데이터를 분석하여 상당수가 가입 취소 전에 온라인으로 계약서를 확인하고 고객지원부서와 통화를 한 뒤 직접 요금에 대해 항의를 하고 계약을 취소하는 등 3~4 단계를 거쳤다는 사실을 발견했다. 이 일련의 사건을 연결하여 통신업체는 곧 이탈할 가능성이 높은 고객을 찾아내 조치를 취하여 고객 이탈률을 줄일 수 있었다.

훨씬 더 높은 수준의 분석과 예측도 가능하다. 머신러닝 기술로 텍스트, 음성 또는 영상을 분석하여 곧 가입을 취소할 고객이나 구매할 고객을 감지해낼 수 있다. 이런 시스템에는 상당한 시간과 자원을 투자해야 한다. 그러나 마땅히 시간과 자원을 투자해서 이런 시스템을 구축해야 한다. 아니면 다음 사례연구처럼 당신이 필요한 기술을 이미 개발한 전문업체의 도움을 받을 수도 있다.

사·례·연·구

⚙ 매장 내부 영상을 통한 고객 데이터의 확보 및 활용

유명 주간지 《이코노미스트(The Economist)》는 최근 비디오 분석분야에서 두 가지 혁신 사례를 소개했다. 리얼아이즈는 감정을 판독하는 런던 소재 기업이다. 리얼아이즈는 미소를 머금은 채 매장에 들어오는 쇼핑객들이 다른 사람들보다 3배 더 지출한다는 사실을 발견했다. 유럽의 대형서점은 앵거스에이아이의 소프트웨어를 사용해 책장 끝까지 걸어갔다가 얼굴을 찡그린 채 돌아오는 고객이 있는지 모니터한다. 이런 고객이 발견되면 소프트웨어는 별도로 점원에게 고객을 도와주라고 메시지를 보낸다. 그 결과 매출이 10% 상승했다.[1]

항상 개인정보 담당자와 상의해서 법의 테두리를 벗어나지 않도록 경계해야 한다. 그리고 고객에게 가장 이익이 되는 방향으로 기술과 데이터를 활용하고, 외부로 공개되었을 때 기업의 대외 평판에 부정적인 영향을 미칠 수 있는 행동은 그 무엇도 해서는 안 된다.

---

1   The Economist (2017) 'How retailers are watching shoppers' emotions', 8 June.

경쟁자

경쟁사에 대해서 좋은 정보를 얻는 것은 특히 어려운 일이다. 닐슨, 컴스코어, 시밀러웹과 같은 정보 중개업체들은 가능하다면 추천인 정보를 포함하여 경쟁사의 사이트와 앱의 웹 트래픽 추정치를 판다. 웹사이트 trends.google.com은 구체적인 단어의 검색 횟수를 보여주는 차트를 제공한다. 이 차트를 활용하면 경쟁사 브랜드와 자사 브랜드의 검색 동향을 비교할 수 있다(그림 6.4 참조).

　웹사이트를 철저히 분석하면 경쟁사의 재고현황, 서비스, 매장 위치에 대한 정보를 얻을 수 있다. 여기서는 기술팀이 도움을 줄 수 있다(또는 셀레늄과 같은 툴을 이용할 수도 있다). 가격 경쟁을 하고 있다면, 경쟁사 제품(또는 서비스)과 자사 제품(또는 서비스)이 얼마나 유사한지를 분석하고 가격을 설정해야 한다. 매장 위치는 주소와 교통로를 바탕으로 결정될 것이다. 온라인 판매는 부분적으로 웹사이트를 추천해주는 추천인의 영향을 받게 된다. 가격비교 사이트를 보고 온 고객은 가격에 민감하고, 저렴한 경쟁사의 제품을 구매할 위험이 크다.

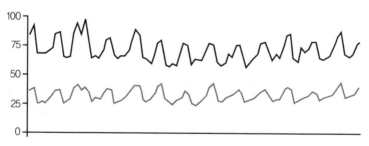

〈그림 6.4〉 2017년 2분기 브라질 '맥도날드' (위 그래프)
vs '버거킹' (아래 그래프) 브랜드 검색추이 (구글 트렌드)

지갑 점유율을 높이기 위해 노력하라. 지갑 점유율은 고객의 지출이 경쟁사가 아닌 당신의 회사로 흘러들어가는 비율이다. 우선 수집한 고객 데이터를 이용해서, 당신과 경쟁사가 동일한 고객층을 대상으로 판매하고 있는 제품의 종류와 범주를 파악해라. 그러면 누가 교차구매를 했는지, 누가 둘러보기만 했는지 그리고 누가 하나의 범주에서 주로 구매를 하는지를 알 수 있을 것이다.

　　고객이 다른 곳에서 구매한 제품을 파악해라. 이렇게 하면 지갑 점유율이 떨어지고 있는 분야를 확인할 수 있다. 당신은 식료품을 판매하고 있는데, 고객은 과일과 채소만 당신에게서 구입한다고 가정하자. 그렇다면 고객은 다른 곳에서 우유와 계란을 사고 있다는 의미다. 또는 당신은 전자제품을 파는데 고객은 스마트폰만 사간다면, 고객이 다른 곳에서 컴퓨터를 산다는 의미일 것이다. 이런 정보는 더 치열하게 매달려야 하는 분야가 어딘지 파악하는 데 도움이 된다. 이미 만들어 놓은 고객 분류를 이용해서 경쟁사가 품질에 민감한 고객, 마케팅에 적극적으로 반응하는 고객, 지출을 많이 하는 고객 등에게 더 많이 어필하고 있지는 않은지 살펴봐라.

　　온라인 채용공고를 모니터하면 경쟁사의 이니셔티브를 파악할 수 있다. 어떤 위치나 직무에 대한 채용공고가 증가했다면, 경쟁사가 그 부분에 주력할 것이란 의미다. 경쟁사 직원들의 링크드인(Linkedin, 구인 취업 사이트 -편집자주) 프로필을 목록으로 정리하고 프로필에 이상한 변화가 없는지 모니터해라. 만약 상당한 수의 직원들이 자신들의 링크드인 프로필을 업데이트한다면, 경쟁사에 내부적으로 문제가 생겼거나 곧 대량해고가 있다는 신호일 수 있다. 이와 유사하게 경쟁사가 공식 발표에서 사용한 표현을 통해 경쟁사 내부 사정을 파악할 수도 있다. 이런 방식으로 기업은 기업공개가 임박했음을 알리기도 한다.

외부 요인

비즈니스 전략은 정부 규제부터 현지 날씨에 이르기까지 다양한 요인의 영향을 받는다. 여행업계에 종사한다면 현지 휴일은 장기예약에, 날씨는 충동예약에 영향을 미칠 것이다. 숙박시설의 가격은 생산비와 운송비에 영향을 주고, 환율이나 정치적 소요는 해외여행에 영향을 미칠 것이다.

주로 이러한 외부요인은 전통적인 스몰데이터에서 발생하고 영향력을 발휘하지만, 상대적으로 새로운 빅데이터 소스에서도 비즈니스에 영향을 주는 신호를 추가적으로 포착할 수 있다. 온라인에서 고객의 행동에 어떤 변화가 생기지 않는지 항상 주시해라. 고객의 행동변화는 예상치 못한 사건이 발생했다는 신호일 수 있다. 일례로 구글맵과 웨이즈는 운전자의 움직임을 분석하여 공사구간이나 도로폐쇄를 감지해낸다.

현장에서 직접 확인하거나 매출의 변화를 느끼고 나서 혁신적인 신상품의 출시를 알게 되는 경우도 있다. 예를 들어 당신은 펜실베이니아 스크랜턴에서 호텔 체인을 운영하는데, 지역에서 2월 둘째 주에 알 수 없는 주제로 대형 컨벤션이 열릴 예정이란 사실을 모르고 있다. 2월 객실 예약률을 예측하다 보니 이미 작년 10월부터 예약 사이트와 콜센터에서 고객의 활동이 급증했다. 그러나 당신은 여전히 2월에 콘퍼런스가 열린다는 사실을 모른다. 고객활동을 모니터해서 이런 변화를 감지해내면 (비수기라 다른 시기보다 상대적으로 낮게 요금이 책정되어 있는) 2월 예약이 다 차기 전에 10월에 객실 요금을 올릴 수 있다.

이를 위해 방문자수와 매출 예상을 포함한 주요 매트릭스의 변동을 정기적으로 예측하는 시스템을 구축해야 한다. 과거 수치를 참고하고 성장률을 추정하고 (휴가 주기, 주요 이벤트 개최시기, 규제 또는 경제 변화 등) 특이한 사항을 분석하는 사업부서와 협의하면서 이 시스템을 구축한다. (상품과 지역 등) 운영방향을 조정할 수 있는 수준으로 세분화하여 예측해야 한다. 가능하다면 매일 예측이 이뤄져야 한다. 매일 또는 매주 자동적으로 이 예측치를 모니터하면 수치가 예측 수준 이상 또는 이하로 움직일 때마다 경고 신호를 보내도록 만들 수 있다. 이 경고 신호는 어떤 외부요인이 예상치 못하게 비즈니스에 영향을 미치고 있음을 나타낸다.

자사의 제품

전략을 평가할 때, 회사의 서비스와 제품을 확실하게 이해하고 있어야 한다. 당신이 생각했던 것보다 자사 서비스와 제품을 잘 이해하지 못하고 있을 수도 있다. 그리고 고객은 서비스와 제품을 당신이 예상했던 것과는 완전히 다르게 받아들이고 있을 수도 있다. 무엇이 효과가 있고 무엇이 효과가 없는가? 고객은 자사 서비스와 제품에 어떻게 반응하는가? 비효율성으로 어디서 손해를 보고 있나?

온라인 서비스가 비즈니스에서 상당한 부분을 차지한다면, 무엇이 온라인에서 효과적인지를 파악하고 그것을 향상시키기 위해 노력해야 한다. 마이크로 컨버전을 설정하고 추적하여, 고객이 구매를 결정하기 전부터 해당 아이템과 관련한 고객의 움직임을 주의 깊게 관찰해야 한다. 이렇게 하면 깔때기 분석에 해당되지 않더라도 귀중한 통찰을 얻을 수 있다.

회사에서 제공하는 다른 디지털 서비스에 대해 고객이 어떻게 반응하는지를 살펴라.

- 회사 소셜미디어에 대한 고객의 반응은 어떤가? (링크된 트윗이나 리트윗이 몇 개인가? 페이스북 포스팅에 몇 개의 댓글이 달리나?)
- 얼마나 많은 사람들이 회사 자료를 다운로드하나?
- 얼마나 많은 사람들이 회사 뉴스레터를 신청하나?

A/B 테스트를 진행해서 제품의 변화를 테스트해보기를 바란다. 다음의 방법을 생각해볼 수 있다.

1. 회사 서비스를 개선할 것으로 기대되는 작은 변화를 제안한다. 예를 들어 프레임 하나, 문구 하나 또는 배너 하나를 바꿔보는 것이다. 물론 이것이 쉽게 할 수 있는 작업인지 개발팀에 반드시 확인해봐야 한다.

2. 수익, 구매, 상향판매, 타임 온사이트 등 가장 개선하고 싶은 **핵심성과지표**를 결정한다. 그리고 다른 핵심성과지표에 대한 영향을 모니터한다.

3. 원래 버전(A)과 변화를 준 버전(B)을 동시에 운영한다. 웹사이트의 경우, 옵티마이즐리(Optimizely)와 같은 A/B 툴을 이용해도 좋다. 툴을 이용하고 그 결과를 살펴보거나 컨버전 경로의 길이를 비교하는 등 웹 태그에 테스트 버전 ID를 삽입하고 각 버전의 세부사항을 분석한다.

4. 두 개의 표본 가설검증을 통해 결과가 통계학적으로 중요한 의미를 지니는지 확인한다. 분석가에게 이 작업을 맡기거나 https://abtestguide.com/calc/와 같은 온라인 계산기를 이용하면 확인이 가능하다.

5. 아래의 질문처럼 보다 깊은 분석을 위해 빅데이터 시스템을 이용한다.

> a. 고객이 확인하는 카테고리의 개수나 선택하는 필터의 개수 등 고객 여정에 중요한 변화가 생겼나?
> b. 다른 방법으로 관리해야 할 주요 제품이나 고객층이 있나?
> c. 특정 외부사건이 결과에 영향을 미쳤나?
> d. 핵심성과지표가 다른 방향으로 움직였나?

제품에 대한 가정을 새롭게 얻은 통찰에 맞춰 조절한다. 몇 가지 예를 살펴보자.

- 품질에 민감한 고객에서 대부분의 매출이 발생하고 있다. 그럼

에도 가격 경쟁 전략을 고수하고 있는 것은 아닌가?

- 대부분의 고객이 후기를 검색하고 읽는데, 고객후기 큐레이팅
  에 시간을 투자하는가?

제품에 대한 가정이 고객의 취향과 습관을 분석하고 얻은 통찰과 일치하지 않는다면 전략을 수정해야만 한다.

전략을 결정하고 개선하려면 고객에 대한 통찰이 필요하다. 이를 위해 현대 데이터와 데이터 과학(애널리틱스)을 이용해라. (빅)데이터와 데이터 과학에서 집중할 분야를 선별적으로 선택하고 필요한 툴, 팀 그리고 프로세스를 결정한다.

다음 장에서는 데이터 이니셔티브를 선택하고 우선순위를 정하는 방법에 대해 자세히 살펴보도록 하겠다.

| 핵심정리 |

- 빅데이터소스는 고객, 경쟁사. 사업 환경과 제품에 대한 새로운 통찰을 제공한다. 그래서 빅데이터소스는 비즈니스 전략을 개선시키는 데 도움이 될 것이다.
- 비전통적인 데이터를 제공하는 새로운 데이터소스가 많이 생겨났다. 이용 가능한 소스와 가장 유용한 소스를 미리 정리해두도록 하자.
- 고객 데이터는 다양한 접점에 걸쳐 존재한다. 그래서 일반적으로 고객 데이터를 연결하는 것은 어렵다.
- 회사의 웹사이트와 다른 디지털 포털을 통해서 고객의 의향, 취향 그리고 습관에 대하여 자세한 정보를 파악할 수 있다. 이런 정보는 전략적인 변화나 전략적 중심축 이동이 필요한 순간을 알려준다.
- 빅데이터 시스템과 결합해서 A/B 테스트를 진행하면 보다 깊은 통찰이 생긴다.

| 생각해보기 |

- 고객 접점을 목록으로 정리해두자. 각 접점에서 이용 가능한 데이터의 전부나 일부를 디지털화해서 저장하고 있는지 확인하자. 디지털화해서 저장하는 데이터가 전혀 없는 회사도 있을 것이다. (a)데이터의 가치와 (b)접점에서 획득한 추가 데이터를 저장하고 분석하는 난이도를 기준으로 각각 1~10점까지 점수를 매겨본다. 그러고 나서 두 영역의 접수를 곱한다. 가장 높은 점수의 접점이 가장 유용한 고객 데이터소스가 된다.
- 고객과의 상호작용을 완전히 이해하려면 어떤 데이터소스가 필요할까? 이 데이터소스에서 획득한 데이터를 연결히는 데 방해가 되는 것은 무엇인가?
- 취향과 행동에서 고객들은 어떤 차이를 보일까? 이 중에서 고객과의 상호작용과 제품 마케팅 및 쇼핑 경험을 제공하는 데 영향을 주는 것은 무엇인가?
- 여러 가능성 테스트 후에 도입한 변경 중 가장 성공적이었던 것은 무엇인가?
- 경쟁사에 대해서 더 많은 통찰을 얻을 수 있는 데이터소스는 무엇일까? 민간 또는 공공 정보 제공자를 생각해보자. 뿐만 아니라 구글과 링크드인처럼 인터넷 회사가 제공하는 그래프와 신호도 생각해보자.

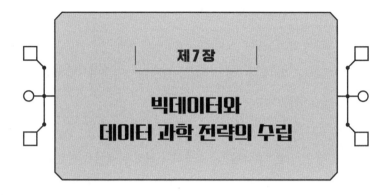

제7장

빅데이터와
데이터 과학 전략의 수립

"새로운 세대의 기술기업이 어떻게 운영되는지 이해하
자. 그리고 그들이 산업과 경제에 어떤 영향을 미치는지
살펴보자."

– 마크 안드레센(Marc Andreessen)[7-1]

나는 비즈니스 리더들과 데이터와 애널리틱스가 어떻게 현대 사
회의 난제를 해결하고 새로운 기회를 창출하는지에 대해서 논의하기
를 즐긴다. 개인적인 경험상, 기업은 각자 나름의 방식으로 데이터와
애널리틱스를 비즈니스에 활용한다.

데이터를 거의 활용하지 않는 기업은 갑작스런 위기 상황에 직면
하거나 다음과 같은 상황에 대해 분통을 터뜨리고 있을지도 모른다.

- 지연되거나 불확실한 업무보고

- 마케팅 자원의 낭비

- 고객이 될 가능성이 낮은 잠재고객에 시간 허비

- 데이터를 무시하거나 단기적 관점에서 데이터 설루션을 설계해
  서 발생하는 운영상 장애

이런 경우, 기업은 피해를 최소화하기 위해서 대책을 마련할 수밖에 없다. 궁극적으로 기업은 운영 시스템을 개선하고 미래 성장의 기틀을 마련하기 위해 노력한다.

반면 데이터 중심의 기업은 데이터와 애널리틱스의 활용도를 높이는 혁신적인 방법을 찾으려고 노력한다. 그들은 경쟁 우위가 될 새로운 데이터소스와 기술을 찾거나 병렬 컴퓨팅, 인공지능과 머신러닝 등의 선진기술을 활용하여 자사 제품이나 서비스를 최적화할 방법을 찾는다.

여기서 당신의 기업이 어느 경우에 해당되느냐는 중요하지 않다. 중요한 것은 강력한 프로그램팀을 조직하여 회사의 데이터와 애널리틱스 활용 상황을 점검하고 새로운 프로젝트를 진행하는 것이다.

프로그램팀

다음의 4가지 분야의 전문성을 보유하도록 팀을 구성해야 한다.

1. 전략

2. 비즈니스

3. 분석

4. 기술

전략

프로그램팀에는 비즈니스 전략을 깊게 이해하고 있는 인물이 필요하다. 전략적 비전은 기업의 모든 계획과 활동의 기초가 된다. 전략적 비전은 주주에 의해 구상되고, 이사에 의해 개선되고 조직문화에 의해 구체화된다. 이렇게 만들어진 전략적 비전이 데이터 활용방법의 근거가 되는 목적과 원칙을 결정한다. 새로운 데이터 전략이 회사 전체 전략과 맞지 않는다면 이 새로운 데이터 전략에 맞춰 진행하는 프로젝트는 병행으로 진행되는 여타 프로젝트에 전혀 도움이 안 되고 내부 지지를 얻지 못해 결국 실패할 것이다.

기업 전략을 개발하는데 유용한 프레임워크가 많다. 그러나 이런 프레임워크를 이 책에서 살펴보지는 않을 것이다. 이보다 데이터 전략과 기업 전략이 함께 움직이는 것이 얼마나 중요한지를 알려주고 싶다. 이런 맥락에서 트레이시(Michael Treacy)와 워스마(Fred Wiersema)의 프레임워크를 살펴보자.[7-2] 이 프레임워크에서 기업은 고객 친밀성, 제품 리더십 또는 운영의 탁월성과 우수성 중에서 정확하게 어느 하나의 영역에 전략적으로 집중한다. 이 전략적 프레임워크에서 당신의 회사가 즐거운 쇼핑 경험과 우수한 고객 서비스(고객 친밀성)를 제공하여 경쟁사와의 차별성을 강화하기로 했다면, 운영비를 줄이는 데 집중하기보다 고객경험을 개선하는 데이터 전략(지능적 개인화 엔진)을 선택해야 한다.

비즈니스

최근 진행된 세계적인 연구에 따르면, 대부분의 경우 IT부서보다 사업부서가 빅데이터의 도입에 더 적극적이다. 빅데이터를 조직에 도입하는 것은 일종의 단체경기에 참여하는 것과 같다. 그래서 내부 조언과 IT기술을 잘 모르는 동료의 지지가 없으면, 빅데이터를 도입하려는 노력은 실패할 수밖에 없다. 동료들이 (빅)데이터 프로젝트의 혜택을 잘 이해하지 못 한다면 당신이 무언가 잘못하고 있다는 증거다.

성공적으로 빅데이터를 회사 내부에 도입하기 위해서는 고객, 제품과 시장을 깊이 이해하고 있는 동료들의 직관이 필요하다. 그러므로 처음부터 그들을 애널리틱스 프로그램 개발에 깊이 참여시켜야 한다.

사업부서 직원들을 처음부터 빅데이터 프로젝트에 참여시키는 것에는 많은 장점이 있다.

- 그들은 인구통계, 제품군과 계절/휴일에 따른 시장수용의 변화 등 시장에서 발생하는 미묘한 변화를 안다.
- 그들은 고객이 가장 중요하게 생각하는 것이 무엇인지 그리고

경쟁사의 제품과 비교해서 자사의 제품을 고객이 어떤 점에서 차별적으로 받아들이는지를 잘 알고 있다. 그들은 여러 해 동안 다양한 고객들과 소통해왔기 때문에, 고객에 대하여 깊은 통찰을 보유한다. 그들의 고객에 대한 통찰은 애널리틱스 프로젝트에 중요한 자원이 된다.

- 그들은 유사한 사업모델을 보유한 경쟁사가 어떤 프로젝트를 시도했는지 알고 있을 수 있다. 그리고 무엇이 효과가 있었고 무엇이 효과가 없었는지도 알고 있을 수 있다. 그러므로 그들은 그 프로젝트가 왜 실패했는지 그리고 어떤 부분을 개선해야 하는지 말해줄 수 있다.

- 그들은 동종 업계에 대한 통찰을 가지고 있다. 심지어 동종 업계에서 일한 경험이 있는 직원이 있을 수도 있다. 이런 직원은 동종 업계의 강점, 약점 그리고 차이점을 잘 이해하고 있을 것이다.

- 그들은 '누가 생각해도 분명한' 세부사항을 말해줄 수 있다. 이런 세부사항을 알면, 데이터 프로젝트를 진행하는 데 몇 달의 시간을 절약할 수 있을 것이다.

데이터 프로젝트에 사업부서의 직관을 반영할 때 균형을 잘 잡아야 한다. 그러나 이것이 생각만큼 쉬운 작업이 아니다. 나는 균형을 제대로 잡지 못해 실패한 프로젝트를 많이 봐왔다. 데이터 분석가들이 사업부서와 소통하지 않고 독단적으로 데이터 프로젝트를 진행해서 비즈니스의 핵심 요소가 완전히 결여된 데이터 모델을 개발한 경우도 있었다. 반대로 사업부서가 완전히 잘못된 의견을 제공해서 프로젝트가 실패한 경우도 있었다.

직관은 맞을 때도 있고 틀릴 때도 있다. 그래서 사업부서가 제공하는 객관적인 수치로 확인할 수 없는 의견(직관)은 조심스럽게 받아들이고 관련 데이터를 분석하여 그 의견이 옳은지를 확인해야 한다.

아래의 방식으로 비즈니스 전문가를 데이터 프로젝트에 참여시킬 수 있다.

1. 고객층, 자사제품과 경쟁사 등 비즈니스 운영방식의 기초지식을 활용한다. 이 기초지식으로 각 시장 참가자의 경쟁적인 차별성, 기업과 그 기업의 시장 점유율의 변화 그리고 그 기간 동안 고객의 변화를 설명할 수 있어야 한다.

2. 고객은 어떤 취향을 가지고 있는지, 마케팅 채널이 얼마나 효과적인지, 고객층에 따라 가격에 얼마나 민감하게 반응하는지, 자사 제품의 품질을 향상할 수 있는 잠재요인은 무엇인지 등에 관한 통찰을 활용한다. 이런 통찰은 명백한 사실일 수도 있지만 비즈니스 전문가의 예감일 수도 있다. 따라서 이런 비즈니스 통찰은 가감해서 받아들여야 한다. 그리고 이런 통찰을 객관적으로 뒷받침하는 데이터를 확보할 때까지 프로젝트의 초기 단계에서는 참고만 하는 것이 좋다. 물론 확인이 필요한 가정이든, 추가 분석이 필요한 데이터든 이러한 통찰들이 데이터 프로젝

트에 필요한 애널리틱스를 파악하는 기초자료가 되고 결국 제품을 개선하는 데 도움이 될 것이다.

3. 데이터를 수집하고 모델을 설계하는 동안 지속적으로 비즈니스 전문가의 피드백을 받는다. 일반적으로 비즈니스 전문가들은 신뢰할 수 있는 데이터와 무시해야 하는 데이터를 정확하게 파악할 수 있다. 그들의 이런 능력은 데이터 분석가들에게 매우 중요하다. 게다가 비즈니스 전문가들은 데이터 프로젝트의 목표와 가장 관련 있는 데이터가 무엇인지를 직관적으로 알 수도 있다. 비즈니스 전문가에게 분석모델을 보여주자. 그들은 한눈에 직관에 어긋나는 요소를 파악하여 데이터 모델에서 오류를 빨리 포착해낼 것이다.

워싱턴 대학에서 최근에 진행된 연구를 살펴보자. 연구원들은 표준 데이터 세트로 정확도가 57%인 분류 모델을 설계했다. 그러고 나서 모델링 전문가가 거짓된 (오해의 소지가 있는) 데이터를 제거하고 정확도를 70%로 개선했다. 연구원들은 기술적 지식이 없는 사람들에게 동일한 데이터 세트를 주고 분류 모델을 검토해서 데이터에서 거짓된 데이터를 제거하도록 요청했다. 이 작업을 3번 반복하니, 비IT 전문가들이 모델링 전문가보다 관련 있는 데이터를 더 잘 발견해냈고, 데이터 모델의 정확도는 57%에서 75%이상으로 개선되었다.[7-3] 이것은 데이터 분석과 관련하여 기술적 지식이 전무한 비즈니스 전문가들에게 분석모델의 검토를 부탁하는 것이 얼마나 중요하고 가치 있는 작업인지를 보여주는 사례다.

4. 자사 제품의 역사를 이해하고 현재의 위치에 이르게 된 배경을 이해한다. 이런 정보는 데이터 프로젝트를 시작하게 된 상황을 이해하고 값비싼 실수를 되풀이하지 않게 도와준다. 그리고 회사의 역사를 형성하는 동안 축적된 학습경험과 사고 프로세스를 이해하는 데 도움이 된다. 이를 통해 이전에는 무시되었지만 기술발전, 시장동향이나 고객층의 변화 때문에 이전과 달리 매력적으로 변한 데이터 프로젝트를 찾아낼 수도 있다.

지속적으로 데이터 프로젝트에 조금씩 변화를 줘야 한다. 기술의 빠른 발전에 따라 사람들이 기술을 활용하는 방법도 변하고 있다. 처음에는 거부감을 느꼈지만, 15년이란 세월 동안 소비자들은 자신의 신용카드 정보를 기업에 거리낌 없이 제공하게 되었다. 처음에는 소비자의 반응이 뜨거웠지만, 지금은 예전에 비해 시원찮은 마케팅 방법도 있다.

당신은 그동안 더 이상 의미 없는 고객에 대한 통찰을 기반으로 제품 전략을 개발해왔는지도 모른다. 현재의 상황에 이르게 된 역사적인 배경을 이해하면 데이터 프로젝트팀은 새로운 답이 필요한 질문이 무엇인지, 그리고 데이터와 애널리틱스를 이용하여 개선될 수 있는 부분이 어디인지를 보다 잘 이해할 수 있게 될 것이다.

분석

데이터 프로젝트에 분석모델을 개발하고 이용해본 경험이

있는 사람을 반드시 참여시켜야 한다. 뻔한 소리를 하고 있는 줄 안다. 그러나 분석 전문가 없이 데이터 프로젝트를 진행하는 대기업을 많이 봤기 때문에 하는 말이다. 그들을 지켜보는 것이 고통스러웠다. 데이터와 애널리틱스로 무엇이 가능하고 이를 위해 무엇이 필요한지를 이해하고 있는 전문가를 팀에 포함시켜야 한다. 분석 전문가는 기술적 배경을 지니고 있고 유사 업계에서 수년간 데이터 분석 프로젝트를 이끌었을 것이다. 그리고 데이터와 애널리틱스를 활용하여 비즈니스 가치를 만들어내려면 어떤 데이터 모델, 툴 및 응용프로그램이 필요한지도 이해하고 있을 것이다. 좀 위험한 일일 수 있지만, 실무 경험이 있는 전문가 대신 관련 지식만 가지고 있는 사람을 팀에 영입할 수도 있다.

기업은 잠재력이 높은 분석 응용프로그램을 파악하고 다양한 분석 방식과 모델 중에서 적합한 것을 선택해야 한다. 현재 트렌드인 인공지능과 딥러닝 방식에 더하여 통계학, 네트워크/그래프 알고리즘, 시뮬레이션, 제한 최적화와 데이터 마이닝(data minig, 대규모로 저장된 데이터 안에서 체계적이고 자동적으로 규칙이나 패턴을 찾아 내는 것 -편집자주)의 분야에 뿌리를 둔 전통적인 데이터 분석 방식은 최근 수십 년 동안 그 활용 가치를 증명했다. 각각의 알고리즘은 강점과 약점을 가지고 있다. 그래서 당신의 기업이 보유하고 있는 데이터와 응용프로그램에 적합한 알고리즘을 꼼꼼하게 선택해야 한다. 비즈니스 문제를 해결하기 위해서 데이터 프로젝트를 진행할 때, 다양한 분석 툴을 검토하지 않으면 그 프로젝트의 성공 가능성은 줄어들고 데이터 프로젝트 자체가 헛수고가 될 수도 있다.

문제의 크기가 커지더라도 효과가 있을 방법이 무엇인지 파악하고 있어야 한다. 각각의 알고리즘의 확장성은 문제의 규모에 따라 달라진다. 애널리틱스 전문가는 작은 데이터 세트를 이용할 때 성과가 좋은 기법이 데이터 세트의 규모가 커졌을 때도 좋은 성과를 낼 수 있는지를 알고 있어야 한다. 다시 말해, 프로젝트팀에 분석모델을 폭넓게 이해하고 있는 팀원을 영입하는 것이 중요하다.

> **· 기억해두기 ·**
>
> 프로그래밍 언어와 분석 툴에 대해서 폭넓게 이해하고 있어야 한다. 최근 트렌드 기술뿐만 아니라 전통 방식도 정확하게 파악하고 있어야 한다.

데이터 및 애널리틱스 프로젝트를 진행할 때, 기본 툴부터 고급 기능이 포함된 툴에 이르기까지 다양한 툴을 고려할 것이다. 가장 기본적인 수준의 프로그래밍 언어 중에서 처음부터 설루션을 개발하는 데 사용할 수 있는 프로그램밍 언어는 많이 있다. 예를 들어, 자바, C++, 파이썬, SAS, R, S-플러스 등이다. 무료 언어도 있고 유료 언어도 있다. 각각의 프로그래밍 언어는 나름의 장점과 단점을 가지고 있기에 아래의 요소를 중점적으로 고려해볼 필요가 있다.

- 실행 속도

- 개발 난이도(관련 데이터 라이브러리의 이용 가능성 등)

- 프로그래밍 언어가 관련 기술과 쉽게 접속될 가능성(제3자와 회사 자체 개발한 기술)

- 이용자/지지기반의 폭(회사 자체의 지지기반을 포함함)

　베이스 코드의 개발과 활용을 최적화할 수 있는 개발 프레임 워크에도 익숙해져야 한다. 그리고 SAS 프로그램에서 R 또는 파이썬 코드처럼, 좀 더 큰 소프트웨어 패키지의 사용자 정의 코드를 활용하는 방법과도 친숙해져야 한다.

　전반적으로 이미 개발된 툴을 구매할 것인가 아니면 직접 툴을 개발할 것인가를 결정해야 한다. 복잡성과 상호 호환성에서 서로 다른 기존의 분석 툴을 어떻게 짜 맞추어서 활용할지도 결정해야 한다. 이런 분석 툴의 일부는 소프트웨어의 소스 코드가 공개된 오픈소스이고, 일부는 특정 기업이 소유권을 지닌 특허 소프트웨어일 것이다. 선형 프로그래밍처럼 전문업체들이 시간을 두고 최적화한 분석 툴의 경우, 언제든지 살 수 있는 설루션에 투자하면 큰 이득을 누릴 수 있다. 특수한 목적으로 회사에서 활용되는 인공지능 방식의 경우, 내부적으로 프로그램을 확장하는 대신 구글이나 세일즈포스(아인슈타인)와 같은 업체에서 제공하는 사용량에 따라 요금을 지불하는 유료 프로그램을 사용하는 것도 고려해볼 만하다.

　애널리틱스 전문가는 제4장에서 언급했던 부분뿐만 아니라 조직 내에서 데이터와 애널리틱스를 활용할 수 있는 잠재적인 부분에 대해서도 폭넓게 이해하고 있어야 한다.

조직에서 데이터 과학을 어떻게 활용할지 고민할 때, 아래의 사항들에 대해서도 고려해보길 바란다.

1. 사업부서가 이미 친숙하게 활용하고 있는 애널리틱스는 무엇인가? 웹 개발자들은 A/B 테스트를, 금융 전문가들은 통계학적 예측 시스템을, 그리고 마케팅 전문가들은 깔때기 분석과 입찰 최적화 등을 친숙하게 생각하고 이용하고 있을 것이다.

2. 분석 툴을 활용하는 부분과 방법에 있어서 회사가 아직 생각하지 못한 것이 있나?

3. 이미 사용하고 있는 분석 툴의 성능을 개선할 수 있는 최신 기술이 개발되었나? 예를 들어 새로운 빅데이터 기술, 알고리즘 또는 데이터소스를 통합하는 방법이 있다.

4. 회사의 새로운 경쟁 우위가 될 것으로 기대되는 다른 업계에서 최근에 도입된 혁신적인 방법이 있나?

위 물음에 대해서 애널리틱스 전문가는 시제품 제작과 개발에 필요한 데이터, 기술 그리고 인력을 예상할 수 있어야 한다.

이 프로세스의 일환으로 애널리틱스 전문가들은 표준 운영 데이터, 고객 데이터 그리고 재무 데이터부터 구입하거나 수집할 수 있는 제3의 데이터와 심지어 내부 시스템에 존재하는 **다크 데이터**까지 회사의 기존의 데이터 세트와 잠재적으로 활용할 수 있는 데이터 세트를 전체적으로 파악하고 있어야 한다.

기술

프로젝트팀은 개발한 시스템을 성공적으로 운영하기 위해서 기술 전문가가 필요할 것이다. 기술 전문가란 데이터 수집과 전송, 일반적인 IT 기반시설과 기업의 데이터베이스와 관련된 기술을 잘 이해하고 있는 사람을 말한다. 데이터는 애널리틱스 프로젝트의 핵심 요소다. 그래서 기술 전문가는 조직 내 다양한 데이터 스토어의 범위와 정확도를 파악하고 있어야 한다.

기업에는 한 개 이상의 운영 데이터 스토어, 데이터 마트 그리고/또는 데이터 웨어하우스가 있을 것이다. 이 모든 것은 애널리틱스 프로젝트에 필요한 데이터를 제공한다. 게다가 분석가들은 한 개 이상의 데이터베이스에 테이블을 만든다. 그리고 심지어 그래프나 문서 데이터베이스처럼 추가적인 데이터베이스가 필요할 수도 있다(제8장에서 더 자세히 다룰 것이다).

기술 전문가는 컴퓨팅 기반시설을 어떻게 설치해야 하는지 방향성을 제시하고 적합한 도움을 제공할 것이다. 이는 인하우스 서버 용량이나 클라우드 활용과 관련된 것일 수 있다.

장기적으로 유지할 수 있는 설루션을 구축하는 것이 중요하다. 이것은 애널리틱스 프로젝트가 장기적인 가치를 창출할 가능성을 극대화하는 데 도움이 된다. 기술 전문가는 애널리틱스 프로젝트가 기존의 기술과 통합될 수 있도록 도울 것이다.

이를 위해서 기술 전문가에게 아래와 같은 부분에서 조언을 구해라.

- 허용할 수 있는 개발 언어, 프레임워크, 운영 시스템의 종류
- 버전 제어와 문서화의 요건
- 품질 보증 테스트(QA) 그리고 생산 배치의 요건과 자원

애널리틱스 프로젝트의 성공과 실패는 IT부서의 지원에 달려 있다. 많은 프로젝트가 IT부서의 승인을 얻지 못해 실패한다. 처음부터 IT부서를 개입시키면 다음의 4가지 목적을 달성할 수 있다.

1. 기술 전문가가 전반적으로 이용 가능한 기술을 파악할 수 있다.
2. 활용해야 하는 표준과 기술을 알게 되어 프로젝트의 장기적인 성공 가능성이 커진다.
3. 데이터 프로젝트를 진행할 때 귀중한 아이디어와 통찰을 얻을 수 있다.
4. 향후 IT부서의 승인을 확보하는 것이 용이해진다.

IT부서 지원들은 오작동을 일으킨 생산 코드를 수정하라는 요청 때문에 새벽 3시에 잠에서 깨거나 휴일에도 전화를 받는다. 이런 일이 몇 년간 계속 되었다면, IT부서 직원들은 기존의 코드를 깨뜨릴 위험이 조금이라도 있는 애널리틱스 프로젝트에 극도로 민감하게 반응할 수밖에 없다. 그들은 프로젝트 계

획단계에서 애매하거나 불확실한 요소에 대해 반감을 가지고 처음부터 프로젝트를 다시 계획하기를 원할 수도 있다. 나중에 살펴보겠지만, 이런 이유 때문에 애널리틱스 프로젝트는 일반적으로 방대한 사전 계획이 요구된다. 그래서 애널리틱스 프로젝트의 아주 초기 단계부터 긴장감이 조성되기도 한다.

반대로 새로운 기술과 새로운 분석모델을 시도하는 데 열정적인 IT부서 직원이 있을 수도 있다. 일반적으로 새벽 3시에 회사로 불려나온 경험이 거의 없는 신입들에게서 주로 발견되는 유형이다. 그러나 IT부서에서 상당 기간 근무를 한 직원에게서도 때때로 이런 유형이 나타나기도 한다. 대체로 IT부서의 개발자들은 데이터 프로젝트에 극단적일 만큼 열정적이다. 아마 이들이 당신이 진행하는 애널리틱스 프로젝트에 있어 가장 강력하고 소중한 지원군이 될 것이다.

> **· 기억해두기 ·**
>
> 회사의 IT 전문가들은 두 가지 목표를 가지고 있다. 안정성 그리고/또는 혁신이다. 많은 사람들이 신뢰성으로 IT부서의 성공을 평가한다. 심지어 새로운 기술이 완벽하지 않더라도 창의성과 혁신으로 IT부서의 성공을 평가하는 사람들도 있다.

킥오프 미팅

프로그램팀을 꾸렸다면 킥오프 미팅을 계획하자. 킥오프미팅에서 애널리틱스 프로젝트의 전략적인 기반을 잡고, 어디에 어떻게 활용할지 밑그림을 그리고, 자유롭게 아이디어를 공유해서 업무를 분류하여 팀원에 할당한다. 업무가 주어지면 팀원들은 스스로 업무범위를 정한다. 비즈니스 전문가는 바깥에서 전략적 조언을 제공하고, 기술 전문가는 프로젝트 범위가 설정된 이후에 미팅에 참여할 수도 있다. 그러나 가능하다면 앞서 언급했던 4가지 분야의 전문가들 모두 킥오프 미팅에 참석시키는 것이 좋다.

킥오프 미팅에서 재무제표를 참고할 수 있으면 더 좋다. 회사의 재무 상태에 가장 큰 영향을 미치는 부분을 중심으로 의견을 나눌 수 있기 때문이다. 특히 킥오프 미팅에 핵심성과지표가 포함된 표준 보고서와 대시보드를 반드시 지참하도록 하자.

전략적 조언

킥오프 미팅에서 제일 먼저 할 일은 프로젝트를 관장하는 목적과 원칙을 다시 검토하는 것이다. 그 후에 회사의 전략적 목표를 다시 검토하고 단기 목표와 장기 목표를 구분하자. 일부 애널리틱스 프로젝트는 개발하고 활용하는 데 상당한 시간이 소요된다. 그러므로 전략적 목표를 시간순으로 정리하는 것이 중요하다. 회사 운영이나 전략을 담당하는 사람이 킥오프 미팅에 참석하지 않았다면, 미팅에 참석한 팀원들은 회사의 전략을 자세히 기록한 문서라도 참고할 수 있어야 한다. 이런 문서가 없다면(안타깝게도 때때로 이런 경우가 발생한다), 초기 투자비용이 적고 내부 저항이 생길 가능성이 낮고 투자수익률이 높아 손쉽게 달성할 수 있는 목표를 중심으로 회사의 전략에 대해서 브레인스토밍을 계속할 것을 제안한다.

비즈니스 조언

원칙과 전략을 검토했다면, 내부적으로 사용하는 핵심성과지표를 검토해야 한다. 재정과 관련된 일반적인 핵심성과지표뿐만 아니라, 가능한 내부적으로 평가하고 수집하는 모든 지표와 수치를 검토해야 한다. 마케팅부서는 광고 연결률, 고객 생애 가치, 컨버전율, 자연 발생 트래픽 등을 추적할 것이다. 인사부서는 자연 감소율, 채용률, 무단결근, 임기, 자발적 퇴사율 등을 추적할 것이다. 재무부서는 일반적으로 제3자 데이터뿐만 아니라 (방문횟수, 방문자 수, 검색 건수 등) 트래픽과 관련된 주요 금융 지표를 추적할 것이다.

이 단계에서 왜 특정 핵심성과지표가 중요한지를 깊이 조사하고, 프로젝트팀의 전략적 목표와 재무적 목표와 가장 긴밀하게 연관이 있는 핵심성과지표에 집중해야 한다. 그리고 특히 개선해야 할 핵심성과지표가 무엇인지 파악해야 한다.

그리고 나서 비즈니스 전문가는 조직 내에서 알려진 고충들에 대해서 이야기해야 한다. 어느 부서에나 나름의 고충이 있다. 이런 고충은 경쟁자나 고객층에 대한 제한된 통찰 등 전략과 관련된 것일 수 있고, 제품의 최적가 설정의 어려움, 최근 인수합병에서 얻은 데이터의 통합의 어려움, 마케팅 자원 할당의 어려움 등 전술과 관련된 것일 수 있다. 그리고 높은 부정행위

가능성이나 배송지연 등 운영적 측면의 고충일 수도 있다.

3개년 목표가 무엇인지 비즈니스 전문가들에게 물어보자. 그들은 자신들의 3개년 목표를 데이터와 애널리틱스 측면이나 구상중인 제품과 비즈니스 결과 측면에서 설명할 것이다. 비즈니스 전문가의 3개년 목표에 그들이 회사의 제품이나 서비스에 추가하고 싶은 경쟁사의 특징과 역량이 포함되어 있어야 한다.

분석적 조언

이제 비즈니스 목적, 원칙 그리고 전략적 목표를 완전히 파악하고 있어야 한다(가능하다면, 논의를 위해 모두가 볼 수 있도록 칠판에 작성해 둔다). 이 시점에서 애널리틱스 전문가는 목록을 모두 살펴보고, 고충을 해소하거나 핵심성과지표를 높이거나 비즈니스 프로세스를 혁신적으로 개선할 일반적인 분석 툴이나 모델에 적합할 비즈니스 목적을 파악하고 있어야 한다. 이때, 유사한 애널리틱스 프로젝트를 진행한 다른 업계는 어떤 혜택을 누리고 있는지를 파악하고 있으면 좋다.

예를 들어 예측 불확실성 해소에는 통계모델이 적합하고, 컨버전율을 높이거나 구매경로를 단축하는 데는 그래프 기반 추천 엔진이 적합하다. 주요 홍보활동에 이은 고객의 정서를 측정하는 데는 거의 실시간으로 소셜미디어를 분석하는 자연어 프로세싱이 적합하다. 또는 통계 툴이나 머신러닝 툴과 결합된 스트리밍 애널리틱스 프레임워크는 부정행위 예방, 장바구니 포기 완화 등과 관련된 실시간 고객 애널리틱스에 활용될 수 있다.

IT부서가 킥오프 미팅에 참석하는 것도 좋다. IT부서는 미팅 내내 조언을 제공하고 기술적 한계와 기회를 이야기해줄 수 있다. IT부서를 특히 애널리틱스 개발단계에 참여시켜야 한다. 이 단계에서 IT부서는 프로젝트에 필요한 초기 데이터를 제공하고 최종 애널리틱스 솔루션의 활용을 책임진다. 킥오프 미팅에 기술 전문가가 참석하지 않는다면, 프로젝트 실행 가능성을 검증하고 그들의 승인을 얻기 위해서 2차 미팅을 개최해야 한다.

킥오프 미팅의 성과

킥오프 미팅에서 논의한 내용은 그림 7.1의 표가 삽입된 '애널리틱스의 영향평가'란 제목의 보고서로 정리해야 한다. 첫 번째 줄에는 누구나 이해할 수 있는 용어로 비즈니스 목표를 작성한다. 그 다음 줄에는 제4장에서 다룬 활용사례와 함께 각 비즈니스 목표에 상응하는 애널리틱스 프로젝트를 작성한다. 세 번째 줄에는 프로젝트 실행에 필요한 데이터, 기술 그리고 인력을 작성한다. 가능하다면 회사와 가장 관련 있어 전략적으로 집중해야 하는 영역으로 표를 나누는 것도 좋다.

킥오프 미팅이 종료될 무렵에는 첫 번째 줄과 두 번째 줄이 작성되어 있어야 한다.

	비즈니스 목표	애널리틱스 프로젝트	데이터	기술	인력
첫 번째 집중분야					
두 번째 집중분야					
세 번째 집중분야					

〈그림 7.1〉 애널리틱스의 영향평가 보고서에 삽입할 표 예시

두 번째로 작성할 문서는 '애널리틱스 효과 보고서'다. 첫 번째 문서에 열거한 각각의 애널리틱스 프로젝트에 대하여 아래의 내용을 이 두 번째 문서에 작성한다.

1. 개발 노력. 이것은 아주 포괄적으로 작성해야 한다(소형, 중형, 대형, XL 또는 XXL 등 개발 방향을 정의하는 용어를 사용한다).
2. 우선순위 그리고/또는 투자수익률 추정치
3. 인력 현황

> a. 프로젝트를 승인할 수 있는 사람
> b. 프로젝트 실행에 필요한 전문지식을 주제별로 자세하게 제공할 수 있는 사람. 여기서는 프로젝트를 수행할 사람이 아닌 프로젝트 수행에 필요한 조언을 해줄 수 있는 사람을 찾는다.

이것은 일부 조직에서 사용되고 있는 **RASCI**(Responsible, Authorizing, Supporting, Consulting and Informed individuals) 모델에서 '승인'과 '상담'에

해당한다.

이렇게 작성한 문서를 팀원들에게 나눠주고 피드백을 구하자. 이 단계까지 마무리되면 프로그램 후원자와 함께 애널리틱스의 영향평가 보고서를 검토한다. 프로젝트의 우선순위를 정하고 애널리틱스 효과 보고서를 참조해 회사의 전략적 우선순위, 재무상태, 자본지출 여력과 인력 증가, 위험 수용범위, 개인적 차원 또는 부서 차원에서 고려해야 할 다양한 요소 등을 고려하여 후원자와 의견을 나누자.

프로젝트 범위설정

프로젝트 후원자와 프로젝트에 대해서 논의하고 우선순위를 설정했다면, 해당 승인권자들을 만날 차례다. 그들과 애널리틱스 프로젝트 보고서부터 함께 살펴보는 것이 좋다. 이를 위해 애널리틱스 전문가와 해당 주제의 전문가들이 만나서 의견을 나눌 수 있도록 짧은 미팅(30~60분)을 마련하자. 정확한 보고체계와 승인권한은 기업과 조직문화에 따라 다를 것이다.

프로젝트 범위를 설정하는 동안, 데이터와 비즈니스와 관련된 도전과제를 가장 잘 이해하고 있는 사람들과 이야기를 해야 한다. 이 단계의 목표는 현재 사용 중인 관련 데이터와 시스템뿐만 아니라 비즈니스의 배경과 현재 직면한 도전과제를 자세하게 이해하는 것이다.

그러고 나서 주제별 전문가와 애널리틱스 전문가는 다음 내용에 대해 논의한다.

- 제안한 애널리틱스 설루션

- 사용될 데이터의 종류

- 모델 구축과 운영 방법

- 최종 사용자에게 결과를 전달하는 방법(빈도, 형식 그리고 기술

  포함)

각각의 미팅을 끝낸 뒤, 애널리틱스 전문가는 애널리틱스 효과 보고서에 논의 내용을 추가하고 **최소 기능 제품**(MVP)을 프로젝트 설명에 추가한다.

최소 기능 제품은 애널리틱스 프로젝트의 실행 가능성과 유용성을 입증할 수 있는 최소한의 기능을 보유하고 있는 제품이다. 처음에 최소 기능 제품은 아주 제한적인 기능을 가지고 일반적으로 이용 가능한 데이터의 적은 부분을 사용한다. 전체 데이터 세트를 수집하고 결점을 제거하는 것은 대규모 작업일 수 있다. 그러므로 최소 기능 제품에서는 제한된 기간 동안 하나의 지역이나 상품의 데이터처럼 언제든지 사용할 수 있고 합리적인 수준에서 신뢰할 수 있는 데이터에 집중해야 한다.

프로젝트 기술서는 조언 또는 의견, 최소 기능 제품의 방법론과 결과, 최소 기능 제품 평가기준 그리고 최소 기능 제품을 보강할 때 필요한 자원을 간략하게 설명해야 한다(일반적으로 이것은 직원들이 만나서 논의하는 시간이지만, 추가적인 컴퓨팅 비용 및 제3자의 자원이 수반될 수 있다). 클라우드 자원을 활용하면 최소 기능 제품을 위해 하드웨어를 구매할 필요가 없어지고, 체험 소프트웨어 라이선스를 사용하면 이 단

계에서 라이선싱 비용을 줄일 수 있다.

최소 기능 제품을 회사에서 사용하는 프로젝트 관리 프레임워크(스크럼, 간판 등)에 삽입한다. 해당 애널리틱스 프로젝트의 다음 단계 결정을 위해 최소 기능 제품의 결과를 평가한다. 아래의 단계를 통해 애널리틱스 프로젝트를 검증하고 최종적으로 분석 툴을 배포한다.

1. 원하는 결과로 수렴하도록 최소 기능 제품에서 반복
2. 범위가 제한적인 추가 매뉴얼 적용
3. 문서화되고 반복 가능한 적용
4. 배포되고 제어된 적용
5. 배포되고 제어되고 최적화된 적용

각 단계에서 할당된 시간, 자원 그리고 기술을 점진적으로 증가시킬 필요가 있다.

애널리틱스는 보통 연구 및 개발(R&D) 프로젝트의 형태로 비즈니스에 활용된다. 모든 좋은 아이디어가 효과가 있는 것은 아니다.

때때로 충분하지 않거나 질이 나쁜 데이터 때문에, 데이터에 노이즈가 너무 많아서, 또는 검증하고 있는 프로세스가 일반적인 모델에 적합하지 않아서 프로젝트가 실패하기도 한다. 그래서 최소 기능 제품으로 시작해서 빨리 실패하고, 비즈니스 전문가와 긴밀하게 의사소통하고, 가장 먼저 성과를 낼 프로젝트를 찾는 것이 중요하다.

다음 장에서 애자일 애널리틱스를 살펴보면서 이 부분을 조금 더 다루겠다.

사·례·연·구

 독일 온라인 리테일 업체의 주문 예측 모델

독일 최대 리테일 대기업인 오토 그룹은 5만 4,000여명의 직원을 보유하고 20여 개국에서 사업을 하고 있다.[7-4] 1949년 설립된 이후, 오토 그룹은 세계 최대 온라인 리테일 업체로 성장했다. 오토 그룹은 내부적으로 인공지능을 적극 활용하고 있다. 이것은 사업부서와 애널리틱스부서가 긴밀히 협업할 때 어떤 시너지 효과가 발생하는지를 보여주는 사례다. 비즈니스 단계에서 오토 그룹은 반품 비용 때문에 연간 수백만 유로의 손실이 발생하고 있다는 사실을 깨달았다. 사업부서와 애널리틱스부서는 합심하여 두 단계로 이 문제를 해결하기로 했다.

첫 단계는 반품 데이터를 분석하는 것이었다. 이를 통해, 배송 기간이 이틀인 상품이 주로 반품된다는 사실이 드러났다. 상품이 배송되기를 기다리는 고객은 다른 업체에서 해당 상품을 (현지 가게에서 할인가로) 사거나 상품에 대한 구매 욕구를 잃어버렸다. 그 결과 매출 손실이 발생했고 매몰 배송비가 생겼다. 오토 그룹은 판매 상품의 재고를 직접 보관하고 관리하지 않았기 때문에 배송 지연이 발생할 수밖에 없었다.

이렇게 얻은 데이터 통찰은 2단계의 애널리틱스 설루션으로 이어진다. 만약 오토 그룹이 정확하게 주문량을 예측할 수 있다면, 고객이 상품을 주문하기 전에 자체적으로 재고량을 주문할 수 있을 것이다. 이렇게 하면 짧은 시간 안에 상품을 고객에게 배달할 수 있고 결과적으로 반품을 줄일 수 있다. 오토는 (과거 매출, 온라인 고객여정 데이터, 날씨 데이터 등) 잠재적으로 영향을 미칠 수 있는 요소 수백 개와 함께 수십억 건의 과거 거래내역을 이용했다.

이 지점에서 애널리틱스부서는 여러 개의 분석 툴과 모델을 선택할 수 있었다. 그들은 전통적인 규칙 기반 접근법이나 통계모델을 이용했고 상품군의 주문량을 예측하기 위해서 관련 특징을 선택하고 개선했다. 그리고 딥러닝 알고리즘에 빅데이터를 입력하는 방안도 고려했다.

결국 애널리틱스부서는 딥러닝 기술을 활용했고 마침내 90%의 정확도를 지닌 30일 동안의 매출을 예측해내는 분석 툴을 개발했다. 현재 이 시스템은 자동적으로 인간의 개입 없이 타업체에서 매달 수십만 개의 아이템을 구매한다. 이 애널리틱스 프로젝트 덕분에, 오토 그룹의 과잉 재고량이 1/5 감소했고 반품량도 매년 200만 아이템 이상 감소했다.[7-5]

이 사례는 오토 그룹이 반품 문제를 해결하기 위해서 데이터와 애널리틱스를 두 가지 방법으로 활용했음을 보여준다. 첫 번째는 문제의 근원지를 진단하는 것이고 두 번째는 운영에 활용할 수 있는 툴을 개발하고 배포하는 것이다. 이것들은 조직에서 애널리틱스를 주로 사용하는 4가지 영역 중 2가지에 해당된다. 다음 장에서 4가지 영역 모두 살펴보도록 하겠다.

| 핵심정리 |

- 전략, 비즈니스, (데이터)분석 그리고 기술에 전문성을 지닌 프로젝트 팀을 구성하여 애널리틱스 프로젝트를 시작한다.
- 비즈니스 목표를 파악하고 분석 프로젝트, 데이터, 기술 그리고 인력과 일치시킨다.
- 프로그램 각 단계에서 이해관계자들의 조언과 승인을 충분히 얻는다.
- 위험 부담이 낮고 투자 수익률이 높은 소규모 프로젝트로 시작한다.

| 생각해보기 |

- 전략, 비즈니스, 분석 그리고 기술 분야에 전문성을 지닌 프로젝트팀을 구성하고자 한다. 누구를 팀에 참여시켜야 할까? 이상적인 팀은 각 분야에서 의사결정권한이 있는 상급 직원이 팀원으로 참여하는 팀이다. 그리고 이들 외에도 하위 영역의 주요 업무를 처리할 많은 팀원이 필요하다.
- 고객, 경쟁사 그리고 산업의 역사 등 비즈니스에 대해서 최고의 통찰을 지닌 직원은 누구인가? 이런 직원은 어느 시점에서 고객과 직접 상호작용한 경험이 있을 것이다.
- 새로운 데이터 프로젝트를 진행하는 것이 힘들거나 가장 적당한 시기는 언제인가? 프로젝트의 가장 큰 후원자는 누구고 가장 큰 반대자는 누구인가?

| QR코드 |

7-1

7-2

7-3

7-4

7-5

"질문하는 것은 질문에 답하는 것보다 더 중요하다. 새로
운 질문을 하기 위해, 새로운 가능성을 열기 위해, 낡은
질문을 새로운 각도에서 보기 위해 창의적인 상상력이
필요하다. 이것이 과학의 진정한 발전이다."

– 『물리학의 진화(The Evolution of Physics)』에서
알버트 아인슈타인(Albert Einstein)

애널리틱스의
4가지 유형

기본 애널리틱스를 활용한 프로젝트에서 첫 성공을 경험할 가능성

이 크다. 애널리틱스는 매우 복잡할 수 있지만 오히려 아주 간단할 수도 있다. 그리고 기본 애널리틱스가 가장 중요할 때가 있다. 애널리틱스를 사용하기에 앞서, 여러 소스에서 데이터를 수집하고 융합시키자. 그리고 데이터에서 결함을 제거하고 잘 짜인 표나 그래프로 데이터를 정리하자. 이런 사전 작업이 상당한 비즈니스 가치를 창출할 수 있다. 그리고 이 과정에서 틀린 데이터로 발생한 오류가 제거되고 성과지표, 비용, 트렌드와 기회가 드러난다.

가트너는 애널리틱스의 활용분야를 구분하는 유용한 프레임워크를 개발했다(아래 참조). 가트너의 애널리틱스 어센던시 모델은 애널리틱스를 묘사적 애널리틱스, 진단적 애널리틱스, 예측적 애널리틱스 그리고 규범적 애널리틱스로 구분한다(그림 8.1). 이 모델은 애널리틱스를 논의하는 데 꽤 유용하다.

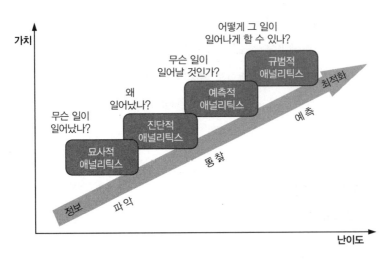

〈그림 8.1〉 가트너의 애널리틱스 어센던시(지배력 행사) 모델

묘사적 애널리틱스

기업은 애로사항을 해결하고 핵심성과지표를 개선하고 전략적 목표를 달성하려고 노력한다. 이런 노력에서 종종 문제가 발생하는데, 대다수가 '고객에 대해서 (행동, 인구통계, 생애 가치 등) X를 모르겠다' 또는 '회사에 대해서 (비용, 재고 움직임, 마케팅 효과 등) X를 모르겠다'처럼 아주 단순한 문제다. '묘사적 애널리틱스'는 이런 사실적인 문제에 대하여 데이터 중심의 해답을 제시한다. 묘사적 애널리틱스는 데이터를 수집하고 정제하여 결과를 제공한다. 여기서 통찰이 나온다.

묘사적 애널리틱스는 아래의 3가지 영역에서 활용될 수 있다.

- 운영상의 필요. 각 부서는 효율적인 부서 운영을 위해 데이터가 필요하다. 특히 재무부서는 주기적으로 정확한 통합 수치가 없으면 제대로 부서를 운영할 수 없다. 이런 이유로 기업은 주로 **비즈니스 인텔리전스**(BI)팀을 재무부서에 둔다.

- 데이터 통찰. 가능하면 많은 데이터를 의사결정자에게 제공해야 한다. BI팀을 전략팀 가까이 배치할 수도 있고 분석가를 다양한 사업부서에 배치할 수도 있다(제10장에서 이 부분을 더 자세히 살펴볼 것이다).

- 피해대책. 갑자기 핵심성과지표가 하락하는 일이 벌어질 수 있다. 기업이나 부서 운영에 데이터를 전혀 활용하지 않는 기업은 이런 일이 벌어지면 당황할 수밖에 없다. 핵심성과지표가 갑자

기 하락할 때, 무슨 일이 일어났는지 재빨리 파악하고 피해 수습에 나서야 한다. 데이터 활용도가 낮은 기업은 이윤이나 매출과 직접적으로 관련된 위기를 갑자기 경험할 확률이 크다(선행지표에서 변화가 생길 수 있기 때문이다). 그러므로 묘사적 애널리틱스로 핵심성과지표를 수집하고 진단적 애널리틱스로 하락 원인을 빠르게 파악해야 한다.

다음은 묘사적 애널리틱스의 활용에 필요한 요소들이다.

- 데이터를 기록 보관하고 분석하기 위해 설계된 데이터베이스. 다른 이름의 유사한 기술을 사용하고 있을 수도 있지만, 일반적으로 **데이터 웨어하우스**를 지칭한다.
- 정기 보고서와 대시보드를 만들고 배포할 툴. 소형 기업은 MS 엑셀을 이용해도 되지만, 대부분의 기업은 전용 BI 툴을 사용해야 한다.
- 고객이 **셀프 서비스 애널리틱스**를 이용할 수 있는 시스템. 고객은 데이터 테이블에 접근해서 자신만의 피벗 테이블과 차트를 작성할 수 있어야 한다. 이것은 조직의 데이터 검색속도를 향상시키는 데 도움이 된다. 셀프 서비스 시스템을 실행하기 위해서 추가 데이터 액세스와 데이터 거버넌스 정책을 수립해야 한다 (제11장 참조).

진단적 애널리틱스

진단적 애널리틱스는 문제 해결 방식이다. 진단적 애널리스트는 주로 간단한 기술이 이용되지만 상당한 가치를 창출한다(**표준 쿼리 언어(SQL)**와 기본적인 통계수치가 활용된다). 진단적 애널리틱스는 소스 데이터를 종합하고 분석하여 눈에 잘 보이지 않는 현상을 그래프, 특징 추출 등을 이용해 시각적으로 보여준다(기존 데이터에서 새로운 데이터 필드를 삽입할 수도 있다. 예를 들어, 고객 매출 기록에 '마지막 구매 이후' 새로운 구매까지 걸리는 시간을 계산하는 데이터 필드를 삽입한다).

그래프는 정보(또는 통찰)를 시각적으로 전달하기에 유용한 수단이다. 스티븐 퓨(Stephen Few)의 저서에서 발췌한 그림 8.2의 그래프를 살펴보도록 하자.[1] 우선 아래의 간단한 데이터 테이블을 들여다보자. 통찰이나 트렌드가 한 눈에 들어오는가?

소득수준, 교육수준, 연령에 따른 직업 만족도				
	대학학위 보유		대학학위 미보유	
소득수준	50세 미만	50세 이상	50세 미만	50세 이상
5만 달러 미만	643	793	590	724
5만 달러 이상	735	928	863	662

---

1 Few, S. 저(2012) Show me the Numbers: Designing Tables and Graphs to Enlighten, 2nd edition. Analytics Press, Burlingame, CA, USA, p. 15.

이 8개의 데이터 포인트로 그린 2개의 차트를 살펴보자.

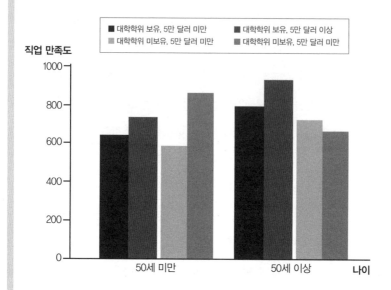

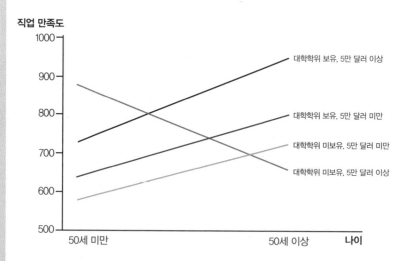

〈그림 8.2〉 근로자의 직업 만족도

두 번째 그래프에서 바 차트나 데이터 테이블에서는 두드러지지 않는 어떤 특징이 나타난다. 바로 직업 만족도가 오직 한 그룹에서 떨어졌다는 사실이다.

이처럼 시각적 효과는 진단적 애널리틱스에서 강력한 도구이다. 이런 시각적 효과 덕분에 애널리틱스는 과학이자 예술이 될 수 있다. 테이블과 그래프로 통찰을 얻고 누군가에게 전달하려면, 창의력과 시각화 기술이 필요하다. 제10장에서 더 살펴보겠지만 이런 이유 때문에 데이터 분석에 생동감을 줄 수 있는 인재를 애널리틱스팀에 두는 것이 좋다.

예측적 애널리틱스

예측적 애널리틱스는 예상 매출이나 신용불량 등 미래 사건의 발생 가능성을 이해하는 데 도움이 된다.

진단적 애널리틱스와 예측적 애널리틱스의 경계가 다소 모호할 수 있기 때문에, 고급 애널리틱스가 필요하다. 고객 세분화에서 기업은 상대적으로 작은 그룹(페르소나)으로 고객층을 나누고 각 그룹에 적합하게 마케팅과 상품을 조정한다.

고객을 세부적으로 분류할 때, 처음에는 (연령, 성별, 주거지, 소득수준 등) 고객의 인구통계학적 데이터를 이용했다. 여기에 고객 취향과 습관처럼 보다 세련된 데이터를 추가할 수 있다. RFM(Recency, Frequency, Monetary 최근의 주문 시점, 얼마나 자주 구매하나, 구매의 규모는 얼마인가 -편집자주)은 과거 구매내용을 이용해서 고객의 미래 구매행위를 예측하는 전통적인 고객 세분화 기법이다. 그러나 오늘날에는 온라인 고객여정과 때때로 음성과 시각 데이터 등 이 포함된 빅데이터를 고객 세분화에 활용하기도 한다. 이런 경우, 빅데이터를 분석할 수 있는 전문화된 통계 기법과 알고리즘이 필요하다(예를 들어, 주성분 분석, 서포트 벡터 머신, 군집화, 신경망 등이 있다).

예측적 애널리틱스를 이용하면 훨씬 더 효과적으로 데이터를 분석하여 아주 유용한 통찰을 얻어낼 수 있다. 신용불량처럼 몇 년 뒤 사건을 예측하거나 매출, 공급 또는 수요 예측처럼 몇 주 또는 몇 달 뒤 사건을 예측할 수 있다. 그리고 심지어 반품이나 하드웨어 결함처럼 며칠 뒤 사건이나 장바구니 포기나 실시간 광고에 대한 고객 반응처럼 바로 그 순간의 사건도 예측할 수 있다. 공급과 수요, 신용불량, 시스템 결함이나 고객 반응을 정확하게 예측해내는 능력은 기업 매출과 재정에 상당한 영향을 줄 수 있다. 예를 들어, 재고 수준을 적정하게 유지하고 맞춤형 마케팅 활동을 실시하고 시스템 결함과 반품률을 최소화하여 고객 만족도를 높일 수 있다.

규범적 애널리틱스

규범적 애널리틱스는 반드시 해야 하는 일을 알려준다. 예를 들면 최적가 설정, 상품 추천, (장바구니 포기 등) 이탈률 최소화, 부정행위 감지, (이동시간, 인력 일정관리, 폐기물, 부품 품질 저하 등) 운영비 최소화, 재고 관리, 실시간 입찰 최적화 등이다.

기업은 이 4가지 애널리틱스를 사용해서 목표를 달성한다.

아래는 그 활용 사례다.

1. 묘사적 애널리틱스를 통해 매출 하락을 감지한다.

2. 진단적 애널리틱스를 통해 매출 하락의 원인이 주요 상품의 재고부족임을 알아낸다.

3. 예측적 애널리틱스를 통해 미래 공급과 수요를 예측해낸다.

4. 규범적 애널리틱스를 통해 고객층의 가격 탄력성뿐만 아니라 공급과 수요의 균형을 근거로 최적가를 설정할 수 있다.

> **· 기억해두기 ·**
>
> 이처럼 데이터를 정리하고 활용하는 것만으로도 엄청난 가치를 창출할 수 있다. 복잡한 데이터 프로젝트는 이 다음에 할 일이다.

모델, 알고리즘 그리고 블랙박스

고급 애널리틱스를 개발하려면, 먼저 분석모델을 선택해야 한다. **모델**은 주변에서 일어나는 사건과 상호작용을 대략적으로 서술한 일련의 공식이라고 할 수 있다. 분석모델은 알고리즘으로 시스템에 설치되고 컴퓨터는 이 **알고리즘**을 레시피 삼아 작업을 수행한다. (고객 이탈률 예측 또는 상품 추천 등) 비즈니스 문제를 해결하기 위해 분석모델을 이용할 때, 주로 아래의 단계를 따른다.

1. 분석모델 설계

2. 데이터에 분석모델 맞추기(분석모델을 '학습'시키거나 '조정'하는 작업)

3. 분석모델 배포

분석모델 설계하기

비즈니스 문제를 모델화하는 방법은 다양하다. 교과서나 온라인에서 그 방법을 쉽게 찾을 수도 있지만 더욱 창의적인 방법으로 모델을 적용할 수도 있을 것이다. 이 책에서 전부 다루기에는 모델이 너무 다양하다. 래피드마이너, 나임, SAS 엔터프라이즈 마이너 등 기존의 분석 툴 관련 문건이나 파이썬, R 등 프로그래밍 언어의 애널리틱스 라이브러리를 확인하면 분석모델을 개략적으로 이해할 수 있을 것이다. 모든 분석모델을 빠짐없이 살펴볼 수는 없겠지만, 분석모델을 이해하는 데 있어 좋은 출발점이 될 것이다. R 프로그래밍 언어에서는 보다 다양한 (학술적) 알고리즘을 확인할 수 있지만 최첨단 빅데이터 응용프로그램에는 파이썬이 적합하다. 뒤에서 더 자세히 살펴보도록 하자.

분석모델에는 모델 투명성이 자주 등장한다. 모델 투명성은 특별한 기술적 지식이 없는 사람도 분석모델을 설명하고 직관적으로 이해할 수 있는지를 나타내는 일종의 분석모델의 난이도다. 투명한 모델에는 연령과 지역으로 보험 위험도를 예측하고 과거 청구내역으로 위험도를 조정하는 모델이 있다. 보험료에 영향을 주는 요소는 이해하기 쉽기에 이 모델은 투명한 모델이다. 이와 대조적으로 전혀 투명하지 않은 모델이 있다. 이런 모델은 최종 이용자가 모델의 작동 방식을 전혀 이해할 수 없기 때문에 **블랙박스모델**이라 불린다.

가능하다면 단순하고 직관적인 모델을 선택해야 한다. 비선형 서포트 벡터 머신이나 신경망처럼 복잡한 모델보다 기본적인 통계모델과 같은 단순한 모델이 개발하고 데이터에 적합하게 조정하고 최종 이용자에게 설명하기가 훨씬 더 쉽다. 게다가 모델이 투명하면 최종 이용자가 직관을 이용해서 모델의 개선 방안을 제안할 수도 있다. 기술적 지식이 없는 직원의 조언으로 분석모델의 정확도를 거의 50% 끌어올린 워싱턴 대학의 사례가 있었다.

모델 투명성은 (대출 거부 등) 데이터 분석의 결과를 환자, 규제기관이나 고객에게 설명을 해줘야 하는 경우에 특히 중요하다.

빅데이터와 블랙박스모델

일상에서 우리는 주로 구체적인 사실에서 특정 결론을 도출해낸다. 물론 직관에서 나온 결론도 있다. 직관은 설명이 거의 불가능한 귀중한 기술이다. 온도계는 누군가에게 열이 있는지 없는지를 알려준다. 그러나 우리는 누군가의 얼굴만 보고도 그 사람의 건강상태를 알 수 있다. 다년간에 걸쳐 건강한 사람과 아픈 사람을 보면서 건강한 사람의 안색과 아픈 사람의 안색이 어떤지에 대한 지식이 축적된 것이다. 이런 경험과 지식을 통해 우리는 그 사람이 아픈지를 '그냥 알아차린다.' 놀랍게도 신경망과 같은 분석모델도 이와 아주 유사하게 작동한다. 수백만 개의 표본 데이터 포인트를 학습한 신경망은 패턴을 인식할 수 있다. 빅데이터는 머신러닝 모델에 사용할 다량의 학습 데이터를 제공해 컴퓨터 '직관'을 더욱 강화시킨다.

머신러닝 모델은 다량의 학습 데이터를 소비하고 스스로 성능을 개선한다. 그래서 특정 분야에서는 투명한 알고리즘보다 머신러닝 모델이 훨씬 더 효과적으로 활용되고 있다. 이로 말미암아 블랙박스모델에 대한 의존성이 커지고 있다. 심지어 고객 이탈률과 리드 스코어링 등 아주 효과적인 투명한 모델이 존재하는 분야에서도 데이터 과학자들은 블랙박스모델, 특히 신경망(딥러닝)을 활용한다.

신경망과 같은 머신러닝은 방대한 학습을 통해 패턴을 인식할 수 있지만, 패턴 인식 기술을 '설명'할 수는 없다. 그래서 이 분석모델이 개를 타조로 오인할 때(제2장 참조), 오류의 원인을 파악하고 설명하는 것이 매우 어렵다.

그러나 투명성 부족은 보험, 법 집행, 의료 등 다양한 분야에서 문제를 일으키고 있다. 2017년 4월 과학잡지 《사이언스(Science)》[8-1]에 (심장발작, 뇌졸중 등) 심혈관 질환 예측에 관한 기사가 실렸다. 현재 많은 의사들이 연령, 콜레스테롤 수치와 혈압 등 8가지 요인을 이용해 환자의 위험도를 평가한다. 노팅엄 대학교의 연구진은 최근 거의 40만 명에 이르는 환자의 의료 기록을 학습 데이터로 활용하여 심혈관질환 발생가능성을 감지하도록 신경망을 학습시켰다. 신경망 모델은 8가지 요인 분석 방식보다 더 높은 감지율(7.6% 상승)과 더 낮은 허위 경고율(1.6% 하락)을 기록했다.

이 신경망 모델을 이용하면 매년 수백만 명의 생명을 구할 수 있다. 그러나 사람들은 블랙박스모델인 신경망 모델을 활용하는 것에 대하여 여러 가지 우려를 제기했다.

- 만약 환자가 자신이 고위험군에 속하는 이유를 물어보면, 블랙박스모델은 이 질문에 답할 수 없다. 그래서 환자는 어떻게 해야 심혈관 질환의 위험도를 낮출 수 있는지 알 수 없다.
- 만약 보험회사가 이렇게 정확도가 높은 분석모델을 이용해 보험료를 계산한다면, 보험료를 정당화할 방법이 없다. 그리고 이 지점에서 법적 문제가 발생할 수도 있다. 일부 국가는 소위 '설명할 권리'를 인정하고 있어 소비자는 자신에게 영향을 미치는 의사결정 프로세스에 대해서 회사에 설명을 요구할 수 있다.

최근에는 블랙박스모델의 투명성이 향상되었다. 워싱턴 대학교가 개발한 **라임**(LIME, Local Interpretable Model-agnostic Explanations)은 '해석 가능한 모델로 예측치를 계산하여 모든 분류기나 회귀분석기의 예측결과를 신뢰가 가도록 설명할 수 있는 알고리즘'이다.[8-2] 이 알고리즘에는 이해하기 쉬운 국부 선형 근사기법이 사용되고 (신경망 등) 스코어링 기능이 있는 모든 분석모델에 적합하다.

데이터에 분석모델 맞추기

훈련받은 분석가가 분석모델(또는 여러 후보)을 선택한 뒤, 데이터에 맞춰 분석모델을 조정한다. 여기서는 아래의 작업이 수반된다.

1. 분석모델의 정확한 구조를 선택한다.
2. 분석모델의 매개변수를 교정한다.

분석모델의 구조를 선택할 때, 어떤 데이터의 특징이 가장 중요한지 결정해야 한다. (수치가 범주화 되는) 빈(bin) 카테고리를 어떻게 만들지와 '평균 구매액수'나 '마지막 구매 후 경과일'처럼 추출한 특징을 포함시킬지를 결정해야 한다. 처음에는 수백 개의 잠재 특징들로 작업하다가 최종 모델에는 겨우 여섯 개의 특징만 사용될 것이다.

(딥러닝 등) 신경망을 이용할 때는 변수 설정이나 특징 추출 프로세스를 거치지 않아도 된다. 하지만 당면 문제에 적합한 네트워크 아키텍처를 찾아야 한다(몇 가지 샘플이 제2장에 나온다). 그리고 네트워크에서 노드와 층의 유형과 배열을 선택할 때는 많은 시행착오를 거치게 될 것이다.

분석모델의 한계를 조정할 때는 구조화된 모델이 학습 데이터에 가장 잘 들어맞도록 조정해야 한다. 각 모델에는 매개변수를 조정하여 목표 점수를 최대화하는 알고리즘이 다수 생긴다. 이것 자체가 해당 분석모델이 데이터에 얼마나 적합한지를 보여준다. **교차검증**이나 **적합도 검증** 평가를 통해 학습 데이터의 과대적합을 피해야 한다.

모델링 프로세스 중에 매개변수를 최적화하는 전문 툴과 프로그램을 이용하여 가능한 다양한 모델 구조나 아키텍처를 시도해보았으면 한다. 그리고 각 구조나 아키텍처가 데이터를 분석하는 데 얼마나 효과적인지 평가한 후에 가장 적합한 것을 선택하자.

분석모델 배포하기

프로그래밍 언어로 분석모델을 개발하고 시제품화에 적합한 환경을 조성해야 한다. 이때 제한되고 정제된 데이터 세트가 이용된다. 분석모델이 주어진 데이터를 분석하는 데 효과적임을 확인하고 나서, 분석할 데이터의 양을 늘려라. 분석모델의 가치가 입증되기 전까지는 모델의 속도와 효율성 개선에 시간 낭비하지 않기를 바란다. 심지어 분석모델을 제한적으로 생산 시스템에 배포했다 하더라도, 분석모델의 가치가 입증된 후에야 모델의 속도와 효율성을 개선해야 한다.

대다수의 데이터 과학자들은 파이썬이나 R 프로그래밍 언어를 사용해서 시제품을 제작하고 노트북이나 컴퓨터 서버에서 시제품의 성능을 테스트한다. 분석 코드를 생산 시스템에 적용될 준비가 되었을 때, C++나 자바와 같은 프로그래밍 언어를 사용해서 코드를 완전히 다시 작성해서 다른 생산 시스템에 적용해보고 싶을 수 있다. 이렇게 새로 작성한 코드를 다른 생산 시스템에 입력할 때, 추가적인 안정장치와 데이터 거버넌스가 필요하다.

IT부서와 상의해서 아래 사항을 결정하자.

- 메모리와 프로세서를 포함해서 코드 입력을 위한 하드웨어(일반적으로 중앙 처리 장치지만 신경망에는 **텐서 처리 장치**(TPU)를 사용해야 함)
- 속도와 허용 오류단계의 기준을 충족하는 아키텍처
- (SAS 또는 SPSS 등) 프로그래밍 언어 그리고/또는 제3의 툴
- 데이터 입력 시점에서 중앙에서 운영할지 아니면 국지적으로 운영해야 할지 등 연산 업무량 조정(제5장 포그 컴퓨팅 참조)

백업, 소프트웨어 업로드, 성능 모니터링 등 일반적인 운영 프로세스를 다룰 때는 IT부서와 협의해야 한다.

그리고 개인정보 관리자와 상의하면서 데이터 거버넌스, 보안정책 그리고 사생활 보호정책을 준수해야 한다. 결과에는 나오지 않지만 새롭게 개발한 분석모델이 개인정보가 포함된 데이터베이스에 접속할 수 있는데 자칫 이것이 기업을 위태롭게 만들 수도 있다. 개인정보 시용에 대한 개인의 허용수준에 따라 유럽의 **일반 데이터 보호 규정**(GDPR)처럼 정부규제가 어떤 목적에서는 개인 데이터의 사용을 허용하지만 다른 목적에서는 사용을 금지할 수도 있다. 제11장에서 데이터 거버넌스와 관련법률 준수를 살펴보면서 이 부분에 대해서 더 논의하자.

인공지능과
머신러닝

제2장에서 인공지능과 관련된 개념과 최신 기술발전에 대해서 살펴봤다. 이번에는 보다 실질적인 측면에서 이 주제를 다루고자 한다. 이번 장에서는 분석 툴과 관련하여 인공지능을 살펴볼 것이다. 앞서 **딥러닝**은 **신경망**의 한 형태라고 설명했다. 이것은 여러 겹의 층으로 이뤄진 네트워크를 운영할 기술이 이미 개발되었다는 의미다. 층이 여러 겹이라서 '깊은(deep)' 것이다. 딥러닝은 인공 신경망에 포함된다.

　　이미 눈치챘을지도 모르겠지만, 인공지능 분야에서 최근 최대 관심사는 인공 신경망이다. 인공 신경망은 다양한 문제를 능숙하게 해결하고 있다. 그러나 인공 신경망이 모든 문제에 최고의 대안 또는 적합한 대안이 될 것이라 기대하지 않기를 바란다. 인공 신경망은 도메인이 없는 환경에서 작동된다는 장점이 있다. 하지만 도메인을 잘 알고 있다면, 그 지식을 활용해서 보다 투명하고 정확한 분석모델을 개발할 수 있다. 일반적으로 인공 신경망은 블랙박스모델이다. 그래서 투명한 분석모델을 사용하는 것보다 인공 신경망을 사용하는 것이 확실히 효과적인 경우에만, 기업은 인공 신경망을 사용하려고 할 것이다.

　　인공 신경망은 대형 데이터 세트가 포함된 문제를 해결할 때 특히 효과적이다. 데이터가 복잡해서 도메인 지식을 분석모델에 적용하는 것이 어렵기 때문이다. 이미지가 수반된 문제들이 인공 신경망에 가장 적합하다. 특히 텍스트처럼 수많은 비구조화된 특징들이 포함된 문제들도 인공 신경망으로 해결하기에 적합하다. 인공 신경망에는 머신러닝에서 전통적으로 이용되는 특징 추출이 필요 없기 때문이다. 인공 신경망은 자연어 처리에도 적합하다. 그러나 인공 신경망이 (XGBoost와 결합된 정보검색 등) 대안으로 나온 분석모델보다 항상 더 좋은 것은 아니다.[8-3] 특징이 거의 없고 상대적으로 데이터의 양이 적은 문제는 일반적으로 인공 신경망에 적합하지는 않다.

지금까지 수십 개의 네트워크 아키텍처가 개발되었다.[8-4] 그중에서 아마도 나선형 신경망(CNN)과 반복 신경망(RNN)이 가장 중요한 아키텍처일 것이다. 나선형 신경망은 이미지와 영상 분석에 특히 유용하며 알파고에도 적용되었다. 반복 신경망은 EEG와 텍스트와 같은 연속 데이터에 적합하다.

인공 신경망을 구축하면 데이터를 구조화하고 특징을 추출해내는 수고를 덜 수 있으나 네트워크 아키텍처를 선택한 뒤 분석모델을 학습시켜야만 한다. **모델학습**은 이용 가능한 데이터(학습 데이터)에 대한 분석모델의 정확도를 최적화하기 위해서 모델의 매개변수를 조정하는 반복 프로세스다. 이 학습 프로세스가 인공 신경망의 활용에서 가장 복잡한 부분일 것이다.

인공 신경망 구축과 개발 코드 작성은 점점 쉬워지고 있다. 구글은 최근에 텐서플로의 코드를 공개했다. 텐서플로는 (다른 머신러닝 응용프로그램을 포함하여) 인공 신경망을 개발하고 설치하는 구글의 내부 머신러닝 라이브러리로, 다양한 타깃 플랫폼에 분석모델을 구축하고 학습시키고 설치하는 작업을 자동으로 수행하는 여러 라이브러리 중 하나다. 특정 상황에서 더 빠른 처리를 보여주는 인공 신경망이 존재하기에 이를 고려한 배치 플랫폼의 선택은 매우 중요하다.

개발 속도를 높이기 위해 추가 소프트웨어 툴을 이용하는 방법도 있다. 예를 들어 파이썬 라이브러리인 케라스는 텐서플로에서 작동된다.

인공 신경망을 위시한 인공지능 모델이 만능은 아니다. 많은 분석 툴 중 일부일 뿐이다. 알파고는 신경망과 몬테카를로 시뮬레이션 기법을 결합하여 바둑시합에서 세계 챔피언을 꺾고 우승했다. 몬테카를로 시뮬레이션 기법은 바둑에 사용되는 분석모델로 2014년 애플이 인공지능인 시리에 딥러닝 모델을 적용할 때, 이미 적용된 분석모델의 일부는 그대로 유지했다.[8-5]

· 기억해두기 ·

딥러닝 등 인공지능 모델은 만능이 아니라 많은 분석 툴 중 하나에 불과하다. 그러므로 인공지능 모델을 이용했을 때 얻을 수 있는 이득과 대안 설루션을 생각해보지도 않고 섣불리 인공지능을 도입하지 않도록 해야 한다.

어떤 분석 툴을 사용할지 그리고 인공지능 또는 머신러닝을 사용해야 하는지를 고민할 때, 비즈니스 문제를 해결하는 데 유용하다고 입증된 분석모델부터 살펴봐라. 이때 이용 가능한 데이터와 자원뿐만 아니라 모델의 복잡성, 투명성 그리고 정확도도 고려해야 한다.

대부분의 비즈니스와 관련된 문제들은 데이터 과학의 일반적인 응용프로그램을 이용해서 해결할 수 있으며, 문제를 해결하는 데 적합한 응용프로그램을 묶을 수 있다. 각 묶음에는 그 비즈니스 문제를 해결하는 데 아주 효과적인 알고리즘이 분명히 존재할 것이다. 예를 들어 업무 처리 일정을 최적화할 때는 일반적으로 정수 프로그래밍을 사용한다. 금융상품의 가격을 설정할 때는 금융 방정식이나 몬테카를로 시뮬레이션 기법을 이용한다. 반면 로지스틱스 회귀분석, 서포트 벡터 머신, 의사결정나무나 신경망 등의 알고리즘으로 고객을 세부적으로 분류할 수도 있다.

하드웨어와 소프트웨어 툴에서 기술적 발전이 있었지만, 이런 응용프로그램을 실행하기 위해서 인적자원이 필요하다. 가트너에 따르면, 2017년 초 딥러닝과 관련된 일자리가 4만 1,000개 생겨났다. 2014년에는 이런 일자리가 거의 전무했다는 점을 고려하면 이는 실로 놀라운 수치다.[8-6] 최근 개발된 신경망 기술을 비즈니스에 적용하면 더 많은 기회가 창출될 것이다. 이 많은 기회들이 신경망 기술과 연관된 방대한 분석기술을 다룰 수 있는 팀을 조직하는 데 더 큰 부담을 줄 것이다. 이 부분은 제10장에서 애널리틱스팀을 조직하는 방법에 대해서 이야기할 때, 더 자세히 살펴보도록 하자.

분석 소프트웨어

데이터베이스
사용하는 데이터의 유형이 다양해지고 데이터의 양이 많아지면서, 단순히 데이터를 수집하고 회수하는 것 이상의 작업을 수행하는 소프트웨어가 필요해졌다. 다양한 데이터 유형을 수용하기 위해 비전통적인 데이터베이스가 혁신적으로 발전했다. 이런 혁신들이 빅데이터 생태계의 근본적인 구성요소가 된다. 이런 데이터베이스는 비구조화된 질의어란 의미로 '낫 온리(not only) SQL'의 약어인 **noSQL 데이터베이스**로 불린다. noSQL 데이터베이스는 구조화 질의어로 정형화된 데이터를 회수하는 구조화된 질의어인 SQL뿐만 아니라 비정형 데이터까지 회수할 수 있다. 이 새로운 데이터베이스는 구조(스키마)가 수시로 정의된다는 특징을 지닌다. 그래서 이 데이터베이스를 '스키마 없는 데이터베이스'라 부른다. 이제 '스키마-온-리드'에 대해 살펴보자. 이것은 효율적인 횡적 규모분석을 위해 설계된 데이터베이스이기에 다소 비싸지만 기계를 추가적으로 설치해서 데이터베이스의 용량을 키울 수 있다는 장점이 있다.

응용프로그램에 가장 도움이 되는 전통적 및 비전통적 데이터베이스를 선택해야 한다. 지금부터 빅데이터 생태계에 존재하는 몇 가지 데이터베이스를 살펴보고자 한다. 각 데이터베이스가 얼마나 많이 활용되고 있는지를 보여주기 위해 2017년 7월 기준 db-engines.com이 공개한 수치를 괄호 안에 기재했다.[8-7]

○ 관계형 데이터베이스(80%)

지난 30~40년 동안 관계형 데이터베이스는 운영 목적으로 사용되는 표준 데이터베이스였다. 관계형 데이터베이스 관리 시스템(RDMS)에 위치하고 테이블로 만들어졌으며 각 테이블은 이름, 성, 고객ID, 전화번호 등 미리 결정한 항목의 열과 데이터 행으로 구성되어 있다. 같은 항목의 열을 공유하는 테이블은 서로 관련이 있는데, 예를 들어 고객 세부정보 테이블과 매출 테이블에 고객 ID 열이 있다면 두 테이블을 상호 참조해서 고객 포탈 코드로 매출내역을 묶을 수 있다. 같은 관계형 데이터베이스는 운영 목적이나 (데이터 웨어하우스처럼) 애널리틱스와 보고 등에 이용되도록 설계될 수 있다.

○ 문서지향 데이터베이스(7%)

문서지향 데이터베이스는 대용량의 문서를 저장하고 회수하는 데이터베이스다. 일반적으로 인터넷 웹페이지를 만드는 HTML을 획기적으로 개선하여 만든 언어 XML 또는 경량의 데이터 교환방식인 JSON로 저장된 데이터가 문서지향 데이터베이스에 담겨 있다. 가장 흔히 사용되는 문서지향 데이터베이스는 오픈소스된 몽고DB다. 문서지향 데이터베이스는 일반적인 기능을 빨리 제공할 수 있기 때문에 게이트웨이 noSQL 설루션으로 유용하다.

○ 검색 엔진 데이터베이스(4%)

많은 웹사이트에서 검색의 속도를 높이는 데 주로 사용된다. 검색 엔진 데이터베이스는 맞춤형 로직으로 방대한 재고 데이터에서 이용자가 입력한 검색내용에 맞는 검색결과를 찾아낸다. 이러한 기본적인 기능으로 검색 엔진 데이터베이스는 주로 웹사이트를 빅데이터 생태계에 연결시키는 첫 관문이 되고, 특히 검색에서 빅데이터의 속도와 다양성으로 말미암아 발생하는 문제를 해결

하는 데 유용하다. 때때로 검색 엔진 데이터베이스는 데이터 저장
과 분석에도 사용된다. 그러나 주의해서 사용해야 한다. 가장 흔
히 사용되는 검색 엔진 데이터베이스 중에는 엘라스틱서치, 솔라
그리고 스플렁크가 있다.

○ 키값 스토어(3%)

이 데이터베이스에는 쌍으로 된 간단한 키값이 입력된다. 키값 스
토어를 이용하면 단순한 결과를 아주 빠르게 많이 얻을 수 있다.
이것은 온라인 고객 접점 분야에 특히 유용하다. 키값 스토어는
빅데이터의 속도와 관련된 문제를 해결한다.

○ 넓은 열 스토어(3%)

이 데이터베이스는 관계형 데이터베이스와 기능적으로 유사지만,
그때그때 데이터 필드를 삽입할 수 있는 유연한 데이터베이스다.
넓은 열 스토어는 빅데이터의 다양성 때문에 발생하는 문제를 해
결한다. 예를 들어 관계형 데이터베이스가 사전에 정의된 20개의
고객 데이터 열을 가지고 있다면, 넓은 열 스토어는 어떤 고객이
든지 그 사람에게 맞는 열을 그때그때 생성할 수 있다. 수년 뒤에
프리미엄 멤버십과 같은 새로운 고객 서비스를 시작할 거라면, 넓
은 열 스토어 상에서 회원번호나 총 멤버십 포인트처럼 필요한 열
을 고객 정보에 추가적으로 삽입할 수 있다. 이때 비회원 데이터
행은 변하지 않을 것이다.

○ 그래프 데이터베이스(1%)

그래프 데이터베이스는 그래프(노드와 엣지의 네트워크)로 데이터를 저장한다. 그래프 데이터베이스에서는 속성과 관계에 근거해서 데이터를 검색할 수 있다. 예를 들어 그래프 데이터베이스에서는 주어진 포탈 코드와 회원 등급을 이용해서 3방향으로 고객과 연결된 모든 데이터를 쉽게 찾을 수 있다. 그래프 데이터베이스는 희소성과 구조적 특징을 이용해서 전통적인 관계형 데이터베이스가 오랜 시간이 걸려 연결고리를 파악하고 결과를 도출하는 쿼리를 아주 빨리 실행할 수 있다. 제6장에서 고객의 중복 데이터를 없애는 데 그래프 데이터베이스를 활용한 사례를 살펴봤다.

○ 데이터베이스 선택하기

데이터베이스가 너무 많아서 어떤 유형을 선택해야 할지 몰라서 고통스러울 것이다. 목적에 적합한 데이터베이스를 선택할 때는 데이터베이스의 유형과 비용뿐만 아니라 현재 기업의 기술 스택에서의 위치, (인력, 유지관리 그리고 향후 활용도에 영향을 주는) 업계 내 보급수준, 확장 가능성, 동시실행 그리고 일관성, 가용성 그리고 분할내성을 고려해야 한다. (2002년에 입증된 브루스터의 CAP 정리에 따르면 모든 데이터베이스는 일관성, 가용성 그리고 분할내성 중에서 두 가지 특성을 가진다.) 나머지는 덜 중요할지라도, 이 요소 중 일부는 당신의 응용프로그램에 아주 중요할 수 있다.

db-engines.com은 다른 범주에서 현재 가장 많이 사용되는 데이터베이스 목록을 제공하고 최신 트렌드를 보여준다(그림 8.3). 이

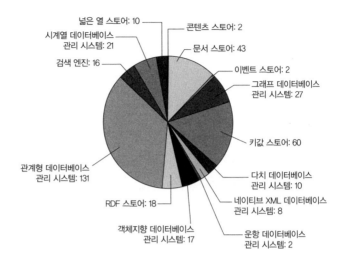

콘텐츠 스토어: 2
넓은 열 스토어: 10
시계열 데이터베이스 관리 시스템: 21
검색 엔진: 16
문서 스토어: 43
이벤트 스토어: 2
그래프 데이터베이스 관리 시스템: 27
키값 스토어: 60
관계형 데이터베이스 관리 시스템: 131
다치 데이터베이스 관리 시스템: 10
네이티브 XML 데이터베이스 관리 시스템: 8
RDF 스토어: 18
객체지향 데이터베이스 관리 시스템: 17
운항 데이터베이스 관리 시스템: 2

〈그림 8.3〉 범주 별 데이터베이스 시스템 수 (2017년 7월 기준) [8-8]

책을 쓸 무렵, 시계열 데이터베이스는 지난 12개월 동안 그 어떤 데이터베이스보다 빨리 사람들의 이목을 집중시켰다(아마도 사물 인터넷에 활용할 수 있기 때문이었을 것이다). 그러나 시계열 데이터는 여전히 앞서 소개했던 데이터베이스들의 그늘에 많이 가려져 있다. 시장 조사 및 자문 기업인 **가트너**와 **포레스터**는 각각 「**가트너 매직 쿼드런트**(Gartner Magic Quadrants)」와 「**포레스터 웨이브**(Forrester Waves)」에서 많은 대형 개발사가 만들어낸 데이터베이스를 자세히 분석하고 평가한 보고서를 정기적으로 발표한다.

프로그래밍 언어

분석모델을 개발할 때, 조직의 IT환경에 적합하고 애널리틱스 라이브러리가 잘 개발되어 있고 다른 데이터와 분석 툴과 잘 통합되는 프로그래밍 언어를 선택해야 한다.

이 프로그래밍 언어가 애널리틱스에 가장 적합하고 최고라고 콕 집어서 말할 수 없다. 그러나 최소한 초기 개발 단계에서는 R과 파이썬이 유력한 후보다.

개인 취향에 더하여, 회사의 IT환경과 사용하고 있는 제3의 소프트웨어도 프로그래밍 언어를 선택할 때 고려해야 한다.

예를 들어 파이썬은 (텐서플로와 하둡 스트리밍처럼) 일반적으로 오픈소스 빅데이터 프로젝트의 지지를 받은 첫 번째 프로그래밍 언어에 속한다.

그러나 학교에서 주로 R를 사용해서 파이썬에 익숙한 많은 분석가들이 쏟아져 나왔다. 은행권 종사자들은 대체로 SAS와 친숙하다. SAS는 강력한(그리고 상대적으로 비싼) SAS 엔터프라이즈 마이너 등 방대한 생태계를 지니고 있다.

일부 회사에서 분석가들은 분석모델의 시제품화를 위해 직접 프로그래밍 언어를 선택한다. 하지만 생산 시스템에 설치될 모든 분석모델은 처음에는 반드시 컴파일러형 언어로 코드화되어야 한다.

컴파일러형 언어는 C++ 또는 자바처럼 실행 전에 모두 기계부호로 번역되어야 하는 프로그래밍 언어다. 그리고 다른 모든 생산 코드와 마찬가지로, 엄격한 테스트와 문서화작업을 거쳐야 한다.

일부 프로그래밍 언어는 **레스트 서비스**와 같은 분석모델을 배포해서 코드가 다른 생산 코드와는 별도로 작동된다.

분석 툴

당신이 직접 처음부터 분석모델을 개발할 수도 있다. 그러나 SAS의 엔터프라이즈 마이너나 IMB의 SPSS, 래피드마이너나 나임과 같은 독립형 툴, 애저/아마존/구글 ML 엔진과 같은 클라우드 기반 서비스, 또는 파이썬의 사이킷-런, 스파크의 MLlib, 하둡의 머하웃, 플링크의 젤리와 같은 오픈소스 라이브러리든지 간에, 제3의 분석 소프트웨어를 사용하는 것이 더 빠르고 오류가 발생할 가능성이 낮다. 일반적으로 맞춤형 R이나 파이썬 코드와 잘 작동하는 이미 구축된 알고리즘을 이용할 수도 있다.

차트를 만들기 위해서는 좋은 시각화 툴을 선택해야 한다. 엑셀에서 시작해도 좋다. 그리고 R과 파이썬과 같은 프로그래밍 언어는 기본적인 제도(製圖) 라이브러리를 가지고 있다. 그러나 더 좋은 기능이 탑재된 툴을 이용하고 싶을 것이다. 태블로, 마이크로소프트 파워 BI, 클릭 등과 같은 전문 BI 시스템은 기존 데이터소스와 쉽게 결합하고(언급한 BI 시스템 외에도 수십여 개의 BI 시스템이 있다), D3.js와 같은 기술 툴은 웹 브라우저에서 훨씬 더 인상적이고 호응이 좋은 차트를 개발할 수 있다. 대다수의 회사는 시중에서 쉽게 구할 수 있는 BI 툴의 제도 기능을 이용한다. 이것도 비즈니스 환경에서 요구되는 데이터 통합, 동시실행, 데이터 거버넌스 그리고 셀프 서비스를 제공한다. 셀프 서비스 기능은 BI 툴에서 아주 중요하다. 이용자가 원하는 대로 데이터를 검색할 수 있도록 하기 때문이다. 그래서 학습곡선이 낮은 툴을 선택해야 한다.

시각화 소프트웨어 시장이 급격히 성장하고 있다. 그리고 시장 주도권에서 빠른 변화가 생기도 있다. 개발자들은 부가가치로 제공하는 프레젠테이션 기능, 셀프 서비스 기능, 다양한 데이터소스의 접근성 그리고 분석 기능을 개선하고 있다. 그러나 회사에서 사용할 시각화 툴은 전문가의 손에서만 제기능을 발휘할 것이다. 이를 염두에 두고 애널리틱스팀을 꾸리자. 제10장에서 이 부분에 대해 다시 살펴보도록 하겠다.

애자일 애널리틱스

프로젝트 계획을 수립하는 두 가지 주요 방법이 있다. 바로 폭포수 모델과 애자일 모델이다. 폭포수 모델은 전통적인 접근법으로 먼저 프로젝트를 전체적으로 계획하고 그 계획에 따라 분석모델을 구축한다. 반면 애자일 모델은 보다 혁신적인 접근법이다. 소규모의 다기능팀들이 점진적으로 향상된 결과물을 내놓고 결국 이 상품이 모여 완전한 설루션이 된다.

애자일 모델은 결과물을 내놓은 주기가 짧아서 잘못된 결과물을 전달할 위험을 줄인다. 그리고 팀은 모듈성과 유연성을 염두에 두고 결과물을 도출해낸다. 게다가 애자일 모델은 교차 기능팀에 집중한다. 이것은 필수 데이터, 기반시설 그리고 프로그래밍 지원이 애널리틱스 프로젝트를 뒷받침하고, 지속적으로 비즈니스 목표와 데이터를 분석하여 얻어낸 통찰에 맞춰 프로젝트의 방향을 재조정한다.

애자일 모델을 활용한 프로젝트 관리방식이 인기를 얻고 있다. 특히 기술회사에서 인기다. 애자일 모델은 빅데이터 애널리틱스 프로젝트에 특히 도움이 된다. 빅데이터 애널리틱스 프로젝트에서는 도전과제와 혜택을 예상하고 이해하는 것이 어렵고 기본 툴과 기술은 빠르게 변하고 있다. 애자일 모델은 혁신에 맞춰 설계되고 민첩성과 혁신에 중점을 두는 빅데이터 프로젝트에 적합하다.

IT부서와 애널리스트팀은 애자일 모델을 스크럼이라 불리는 프레임워크를 이용해서 실행한다(럭비를 생각해보자). 스크럼 기법은 다른 애자일 프레임워크와 비교해 적어도 5배나 활용도가 높다.[8-9] 심지어 IT부서를 제외한 다른 부서도 스크럼 기법을 사용한다. 그래서 스크럼 계획표에 인사부서나 마케팅부서가 삽입되어 있는 것을 아주 흔히 볼 수 있다.

아주 많은 기업이 애자일 모델을 도입하고 있다. 특히 '빨리 실패하고 성공해서 규모를 확장하자'라는 원칙을 받아들인 기업에서 애자일 모델이 적극적으로 활용된다. 이런 기업이 진행하고 있는 최근 디지털 프로젝트를 살펴보자. 제너럴 일렉트릭은 소위 '간소화 문화(culture of simplification)'를 개발했다. 이것은 '더 적은 계층, 더 적은 프로세스 그리고 더 적은 의사결정 포인트'를 지향한다. 그리고 제너럴 일렉트릭은 소위 '빠른 작업(Fast Works)'에 조직의 군살을 빼기 위한 원칙을 도입했다. 제너럴 일렉트릭은 전통적인 연례 운영 주기를 깨뜨렸다. 제프 이멜트(Jeff Immelt) 전 회장은 "디지털 시대에서 무언가를 하겠다고 일 년에 한 번씩 만나서 회의하는 것은 기이하고 정말 이해할 수 없는 일이다"라고 말했다.[8-10]

중요한 것이니 한 번 더 강조하겠다. 전체 문제를 한 번에 해결하려고 시도하지 말라. 데이터 분석을 시작하기 전에 완전하고 정제된 데이터 세트를 만들려고 하지 말라. 2주 동안 데이터의 10%를 사용해서 60%의 설루션을 만들자. 그러고 나서 결과에 대해 피드백을 받자. 이 피드백을 바탕으로 2주를 더 들여서 설루션을 개선하고 더 많은 피드백을 받는다.

한 번에 설루션을 개발하는 것보다 이렇게 짧은 주기로 접근해서 설루션을 개발하는 것에는 여러 가지 장점이 있다. 첫 번째, 프로젝트를 시작한지 불과 며칠 만에 이해관계자들에게 산출물을 보여줄 수 있다. 두 번째, 잘못된 방향으로 프로젝트를 진행하고 있을 수 있다. 이런 일이 발생하는 원인이 프로젝트에 사용한 데이터가 생각했던 것과 달랐거나 문제가 무엇인지 분명하게 전달되지 않았기 때문일 가능성이 있다. 어떤 이유든 간에 애자일 모델은 더 많은 시간을 낭비하기 전에 오해를 바로 잡을 수 있도록 돕는다. 세 번째, 프로젝트가 완성되기 전에 비즈니스의 우선순위가 바뀔 수 있다. 짧은 주기로 결과를 보여준다면, 산출물의 진가를 인정받음과 동시에 그 산출물을 비즈니스에 이용할 수 있다. 이후는 바뀐 우선순위에 맞춰 새로운 프로젝트를 시작할 수 있다.

아래의 기본 원칙에 따라서 애널리틱스의 민첩성을 유지해야 한다.

- 최소 기능 제품으로 시작한다. 제품을 저렴하고 빨리 만들어낸다. 왜냐하면 초기 결과에서 피드백이 나오면, 그 피드백에 따라 변화를 줄 필요가 있기 때문이다.
- 학습하고 빨리 바꾼다. 가능하면 자주 최종 이용자에게서 피드백을 얻어야 한다. 그들의 조언과 의견을 경청해서 신뢰와 지지를 얻는다.
- 내고장성(耐故障性)이 있는 모듈 부품을 만든다. 마이크로서비스 아키텍처를 고려해보기를 바란다. 마이크로서비스 아키텍처는 독자적으로 부품이 제작되고 잘 정의된 경량 프로세스를 통해 의사소통한다. 마이크로서비스 아키텍처는 속도와 효율성에서 얼마의 비용을 발생시키겠지만 내고장성과 유용성을 개선할 것이다.

린(lean), 애자일(agile) 그리고 스크럼(scrum)을 주제로 많은 책과 강연이 쏟아지고 있다. 그리고 이들과 관련된 자격증도 시중에 많이 존재한다. 린 애널리틱스로 책 한 권은 거뜬히 쓸 수 있다. 그러나 이 책에서는 비즈니스 가치를 효율적으로 창출할 수 있도록 관련 프로젝트를 민첩하게 수행하는 방법을 집중적으로 살펴보기 위해서 린, 애자일 그리고 스크럼을 아주 간단하게만 다뤘다.

- 애널리틱스는 복잡성에 따라 4가지로 구분된다. 그러나 아주 기본적인 애널리틱스도 데이터 분석에 아주 유용하다. 먼저 데이터를 정리하고 스프레드시트 분석을 해보자.
- 잘 설계된 그래프는 테이블로는 얻을 수 없는 통찰을 제공할 수 있다.
- 분석모델을 선택할 때, 가장 단순하고 가장 직관적인 것을 이용해라.
- 인공지능과 머신러닝은 가능성과 함정을 모두 가지고 있다. 그러므로 가치, 위험, 비용과 대안을 잘 따져봐야 한다.
- 애널리틱스 프로젝트에는 애자일 접근법이 가장 효과적이다.
- 기존 툴과 기술을 가능하면 빨리 이용하고 최종 선택 전에 위에서 논의한 요소를 고려해봐라.

- 4가지 유형의 애널리틱스 중에서 회사에서 효율적으로 이용되고 있는 것은 무엇인가? 현재 활용하지 않는 애널리틱스가 있다면, 그 이유가 무엇인가? 관련 기술이나 이용사례가 부족해서인가? 아니면 우선순위와 맞지 않아서인가?
- 그래프에서 생각지도 못한 것이 갑자기 눈에 들어온 순간이 언제였나? 그래프로 정리했을 때 더 효과적인 데이터를 테이블로 검토하고 있지는 않은지 고민해보기를 바란다.
- 회사에서 분석모델을 사용하고 있지만, 아직 모델화 프로세스에 사업적 직관을 첨가하지 않은 곳이 있는가? 사업적 직관이 결여된 분석모델의 결과에 만족하는가? 이런 모델에 더 많은 사업적 통찰을 활용할 필요가 있을지도 모른다.
- 애널리틱스 프로젝트의 산출물을 얼마나 자주 검토하는가? 프로젝트의 중간 산출물을 테스트하고 있는 최종 이용자는 누구인가?

| QR코드 |

8 - 1

8 - 2

8 - 3

8 - 4

8 - 5

8 - 6

8 - 7, 8

8 - 9

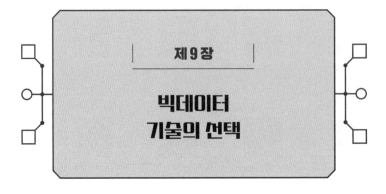

제 9 장

빅데이터
기술의 선택

최근 기술의 발전 덕분에 빅데이터의 수집과 이용이 훨씬 쉬워졌다. 그러나 문제는 이용할 수 있는 기술의 범위가 정신없을 정도로 많아졌다는 것이다. 가장 최근에 나온 '빅데이터 업계지도'를 검색을 해보면, 내가 무슨 말을 하는지 알게 될 것이다. 이제는 기술에만 집중해서 빅데이터 프로젝트를 시작하기가 힘들어졌다. 그렇다고 기술을 고려하지 않으면 성공적으로 빅데이터 프로젝트를 수행할 수 없다.

지금부터 **기술 스택**에 대해서 살펴볼 것이다. 기술 스택은 기술 설루션을 구성하는 요소의 집합이다. 예를 들어 생산 시스템의 기술 스택은 (리눅스를 기반으로 제작된) 우분투 운영체제에서 운영되는 자바나 C++ 코드일 것이다. 이것은 차례로 클라우드 기반의 HP서버와 리눅스 컨테이너 기술인 도커에서 코드가 운영된다. 회사의 기술 스택의 대부분은 이미 IT부서가 마련해 두었을 것이다.

빅데이터 기술을 설계할 때, 아래의 사항을 결정해야 한다.

1. 어떤 컴퓨터 하드웨어를 사용할 것인가?
2. 하드웨어를 어디에 설치할 것인가?
3. (소스 시스템, 센서, 전송 메커니즘, 데이터 정제프로세스 그리고 목적지 데이터베이스 또는 응용프로그램의 선택을 포함하는) 데이터 파이프라인을 어떻게 만들 것인가?
4. 프로그래밍 언어, 라이브러리, 프레임워크, 제3의 툴 등 무슨 소프트웨어를 사용할 것인가?
5. 내부와 외부의 최종 이용자에게 결과를 어떻게 전달할 것인가?

이 중에는 다른 질문보다 더 신중하게 결정을 내려야 하는 질문들이 있다. 결정은 업계와 조직의 영향을 많이 받게 될 것이다. 두 번째 질문인 하드웨어를 어디에 설치할 것인가는 새롭게 등장한 질문이다. 이 부분에 대해서 아래에서 좀 더 설명하도록 하겠다.

하드웨어의 선택

데이터의 양, 처리 및 전송과 관련하여 현재의 충족요건과 향후의 충족요건을 면밀히 살펴봐라. 대부분의 소프트웨어 응용프로그램에는 프로세서의 수와 파워, RAM, 저장장치(디스크), 네트워크 성능 등 추천 하드웨어의 최소한의 사양이 명시되어 있다. 빅데이터 설루션은 일반적으로 기본적인 기능을 처리하기 위해서 3~6 대의 하드웨어가 필요하다. 그러나 대형 응용프로그램의 경우, 필요한 하드웨어의 수가 수십만 대로 증가할 수도 있다. 신경망은 표준 CPU보다 GPU전문 프로세서에서 더 빨리 구동된다. 그러므로 신경망을 사용할 때 표준 프로세서를 재배포하지 마라.

하드웨어를 설치할 위치의 결정: 클라우드 설루션

제5장에서 클라우드 컴퓨팅에 대해서 살펴봤다. 민간 클라우드 설루션과 공공 클라우드 설루션이 있다. 후자는 대기업이 중앙에 집중된 컴퓨팅 자원을 내부 사업부에 할당할 때 사용된다. 클라우드 기술에는 이메일, 데이터베이스, CRM 시스템, HR 시스템, 재난 복구 시스템 등의 하드웨어와 소프트웨어가 있다. 델의 조사에 따르면 전 세계적으로 중급 시장을 타깃으로 하는 기업의 82%가 2015년에 이미 클라우드 자원을 이용하고 있었다. 사용하는 클라우드의 유형이 1개 이상인 기업은 55%에 달했다. 클라우드를 적극적으로 이용하는 조직은 그렇지 않은 조직에 비해 더 높은 매출 성장세를 기록했다. 클라우드 컴퓨팅의 주요 혜택은 그림 에 대략적으로 정리되어 있다.

클라우드 컴퓨팅은 **서비스로서의 인프라스트럭처**(IaaS)로 알려진 클라우드 기반 하드웨어를 빨리 제공한다. 이것이 당신 회사의 빅데이터 프로젝트의 핵심이 된다. 빅데이터 기술을 선택할 때는 빠르고 유연하게 움직여야 한다. 서비스로서의 인프

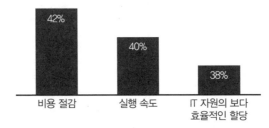

42%

40%

38%

비용 절감　　실행 속도　　IT 자원의 보다
　　　　　　　　　　　효율적인 할당

〈그림 9.1〉 클라우드 컴퓨팅의 주요 기대 혜택 [9-1]

라스트럭처는 몇 분 안에 저장장치와 프로세서의 용량을 늘릴
수 있기 때문에 이것이 가능하다.

사·례·연·구

984대의 쓰고 남은 컴퓨터

추가 설비를 구입할 필요 없이, 기존 기반시설의 규모
를 빨리 증가시키는 것이 더 좋은 이유를 보여주는 사례
가 있다. 구글의 초기 이미지 감지 프로젝트를 생각해보
자. 처음에 1,000대의 컴퓨터에서 구동하는 CPU를 이
용해서 구축했을 때, 구글이 하드웨어에 들인 비용은 대
량 100만 달러였다. 이어서 구글은 프로젝트를 GPU에
재배포했다. 겨우 16대의 컴퓨터로 이전 보다 훨씬 낮
은 비용으로 모델을 구동할 수 있었다(이때 비용이 대량
2만 달러였다).[9-2] 대부분의 기업은 프로젝트를 테스트
하기 위해서 이렇게 막대한 비용을 들여서 대형 하드웨
어를 구입할 여력이 없었다. 이뿐만 아니라 재무부서에
더 이상 필요하지 않는 수백 대의 컴퓨터를 구매해야 하
는 이유를 설명할 수도 없었다.

당신은 여전히 (운영 시스템, 미들웨어, 저장장치 등) 클라우드 기반 하드웨어에 소프트웨어를 설치해야 할 것이다. 그러나 응용 프로그램을 바로 가동하고 싶다면, **서비스로서의 플랫폼**(PaaS)을 이용하면 된다. 서비스로서의 플랫폼은 특허 하드웨어나 서비스 업체가 실행하고 관리하는 오픈소스 하드웨어다. 이렇게 하드웨어와 기본적인 소프트웨어를 외부에서 조달하여 애널리틱스 프로젝트를 진행하고 응용프로그램을 직접 설계할 수 있다.

클라우드를 이용할 때 보안문제가 가장 걱정스러울 것이다. 공공 클라우드와 **서비스로서의 소프트웨어**의 도입의 가장 큰 걸림돌이 실제로 보안문제다. 위에 언급한 델의 조사에서 클라우드를 사용하지 않는 회사의 42%가 보안을 이유로 들었다. 이것은 다른 이유보다 훨씬 높았다. 특히 에드워드 스노든(Edward Snowden)의 폭로와 뒤이은 EU와 미국의 **세이프 하버 협정**(Safe Harbor Provisions) 체결 후, 유럽 기업은 회사의 데이터를 유럽 내에 보관하는 것을 선호한다.

금융 산업에서는 보안, 신뢰성 그리고 관련법률 준수가 특히 중요하다. 이런 산업에서 기업은 전통적으로 보안과 신뢰성을 보나 엄격히 관리하고 통제히기 위해서 데이터 센터를 직접 운영했다. 그러나 이들 산업의 보안에 대한 우려를 클라우드 서비스 제공업체가 계속 완화시키고 있다. 그 결과 금융, 제약, 석유 그리고 가스 업계가 클라우드 기술을 활용하기 시작했다.[9-3]

일부 기업은 클라우드에서 응용프로그램을 구동하는 것이

더 안전함을 입증했다. 불안정한 레거시 소프트웨어(현재까지 쓰이거나 쓰이지 않더라도 영향을 주는 옛 소프트웨어)에서 벗어날 수 있기 때문이다. 클라우드 응용프로그램은 최첨단이다. 그리고 일반적으로 통제수준과 전반적인 보안수준이 높고 모니터링이 훨씬 쉽다. 클라우드 서비스 제공업체는 일관성 있게 서비스를 제공하여 보안을 강화하고 그들 스스로도 자산을 안전하게 관리하는 데 매우 관심이 많다.

데이터 이전, 정제 그리고 저장: 데이터 파이프라인

미들웨어를 선택하고 데이터 파이프라인을 설계해야 한다. 미들웨어에는 데이터 웨어하우스와 (카프카, 래빗MQ 등) 실시간 정보를 전송하기 위한 메시징 시스템 등이 있다.

데이터의 이전과 정제는 일반적으로 애널리틱스 프로젝트에서 가장 많은 시간이 소요되는 작업이다. 데이터 프로세싱에서 이런 귀찮은 작업을 처리하기 위해서 기업은 **ETL**툴을 구입한다. ETL툴은 문서작업에 유용한 보조 기능을 제공한다. 좋은 ETL툴로 새로운 데이터소스를 손쉽게 추가할 수 있다. ETL툴은 전통적인 데이터베이스뿐만 아니라 웹 애널리틱스 서버, 소셜미디어, 클라우드 기반 noSQL 데이터베이스 등 최신 데이터소스에서 데이터를 추출해낸다.

그리고 목적지 데이터베이스를 선택하고 준비해야 한다. 앞에서 살펴봤듯이, 수백 개의 데이터베이스 설루션이 존재한다. 특정 설루션 업체의 서비스만 사용하고 있다면, 그 업체가 제공하는 연관 기술을 사용하는 것이 좋다. 아니면 새로운 기술을 도입하여 동시에 또는 별도로 여러 개의 애널리틱스 프로젝트를 진행하여 다양한 시스템을 운영할 수도 있다. 특허 데이터베이스에서 오픈소스 데이터베이스로 옮기면, 상당한 비용을 절감할 수 있다. 특허 데이터베이스에서 오픈소스 데이터베이스로 이전하여 테라바이트 당 비용을 절반으로 줄였다고 보도한 기업도 있다. 그러나 여전히 의도했던 응용프로그램에 가장 적합하게 데이터베이스 테이블을 논리적으로 그리고 물리적으로 구조화하기 위해서는 상당한 투자를 해야 한다.

소프트웨어의 선택

다시 한 번 강조하지만, 주요 프로그래밍 언어에는 방대한 애널리틱스 라이브러리가 존재한다. 애널리틱스 프로젝트를 시작할 때는 이미 시중에 나와 있는 소프트웨어를 이용하는 것이 좋다. 파이썬, R, SAS, SPSS 등 유명한 프로그래밍 언어와 툴에는 거대한 지원 커뮤니티를 보유한 방대한 분석 라이브러리가 존재한다. 개발자는 파이썬으로 케라스와 텐서플로 등 기존 소프트웨어 패키지를 활용해서 코드 몇 줄로 신경망을 구축할 수 있다.

시중에 이미 나와 있는 소프트웨어가 회사의 데이터 분석 문제를 완전히 해결해줄 것이라 기대하지 마라. 그러나 이미 개발된 소프트웨어가 좋은 출발점이 될 수 있다. 특히 기존의 소프트웨어가 아주 매끄럽게 회사의 데이터 파이프라인에 결합되고 데이터 처리가 자동화된다면 말이다. 기존의 소프트웨어를 이용할 경우, 반드시 조직 내부 문제에 맞춰 그 소프트웨어를 조정해야 한다. 회사에서 이용하는 응용프로그램에 가장 효과적인 모델의 특징을 추출하기 위해서 주제별 전문기술을 이용해야 한다. 시중에 판매되는 소프트웨어는 단순히 흔한 분석모델을 실행하는 경우가 허다하다.

분석 소프트웨어나, (비용, 신뢰성, 학습 등) 여타 소프트웨어를 구입할 때 고려하는 일반적인 사항에 대해서도 고민해야 한다.

> **· 기억해두기 ·**
>
> 추가 노력도 하지 않고 시중에서 손쉽게 구입한 소프트웨어가 회사의 당면 문제를 완전히 해결해 줄 것이라고 기대하지 말기를 바란다.

전달 방식

고객에게 실시간으로 상품을 추천하거나 실시간 수요량과 공급량을 기준으로 최적 가격을 설정하는 등 생산 시스템에 쓸 분석 툴을 개발하고 있다면, 전달 기술을 선택해야 한다. 이 전달 기술은 기술 요건과 최종 전달의 제약조건을 충족해야 한다. 예를 들어, 웹사이트는 분석 서버의 레스트 서비스에 명령하거나 네트워크 내 직접 데이터베이스 콜을 실행시켜 콘텐츠에 접속한다.

내부 이용자는 데이터베이스, 보고서 또는 대시보드를 통해 직접 결과물에 접근할 수 있다. 또는 셀프 서비스 BI 툴을 이용해서도 결과물에 접근하기도 한다. 보고서와 대시보드는 표준화와 품질 관리라는 장점을 가지고 있고, 수동 또는 전문 소프트웨어를 이용해 작성이 가능하다.

그러나 보고서의 데이터는 금방 시대에 뒤처질 수 있고 중요한 세부내용이 누락될 수도 있다. 보고서를 읽는 사람들도 추가적으로 데이터를 분석해서 더 많은 통찰을 얻는 것이 불가능하다. 이것이 셀프 서비스 BI 툴이 매우 중요한 이유다. 지난 몇 년 동안 BI 툴은 많이 발전했다. 그래서 이용자가 원한다면 추가적으로 데이터를 분석할 수 있다. MS 엑셀처럼 셀프 서비스 툴을 이용하면, 이용자는 그래프와 피봇 테이블을 만들고 다른 보고서에는 나타나지 않는 데이터 간 관계와 계층을 탐구할 수 있다. 이 부분에서 BI 툴은 MS 엑셀보다 더 효과적인 툴이다. 회사에서 활용할 BI 툴을 선택할 때, 이런 셀프 서비스 기능을 주의 깊게 살펴보기를 바란다.

기술 선택의 고려사항

빅데이터 프로젝트에 이용할 기술을 선택할 때, 아래의 요소들을 고려해야 한다.

1. 비즈니스 요구조건에 알맞은 역량. 반드시 필요한 기능과 가

지고 있으면 좋은 기능을 비판적으로 판단하고 조사해야 한다. 그리고 이런 기능이 어떻게 발전해왔는지도 고려해야 한다. 소프트웨어나 분석 툴 등이 당신의 응용프로그램에는 그다지 중요하지 않은 특징으로 '동급 최강'이란 평가를 받고 있을 수 있다. 애널리틱스 프로젝트의 이해관계자들을 인터뷰해서 다음의 요구조건을 이해하도록 하자.

- 데이터를 얼마나 자주 리프레시해야 하는가?
- (하루에 한 번, 일반적으로 야간에) 배치처리가 아니라 실시간으로 처리해야 할 데이터는 무엇인가?
- 어느 데이터소스에 접근할 것인가?
- 24시간 시스템을 이용할 수 있어야 하는가?
- 역량을 고려해서 동료들이 쉽게 다룰 수 있는 기술은 무엇인가?

기술 개발사와 타 조직의 이용자들과 의견을 나누면서, 내부 논의에서는 드러나지 않았던 추가적인 특징과 활용사례를 파악할 수 있을 것이다.
그리고 아래와 같이 다양한 이해관계자들과 상의해야 한다.

- 예산 관리자. 프로젝트 비용을 관리 감독하는 사람으로 설비투자 또는 운영비 중 어느 하나를 더 선호한다.
- 관련법률 준수 및 사생활 보호 담당자. 데이터 위치, 데이터

거버넌스, 공정 사용 그리고 접근성 등에 관심이 있다.

- IT부서. 조직 내에 이미 존재하는 기술 등을 활용하는 데 도움을 준다(대체로 기업의 IT부서가 주로 사용하는 프로그래밍 언어는 파이썬이다). 그리고 애널리틱스 프로젝트를 진행할 때 반드시 충족시켜야 할 조건을 제시한다.
- 사업부서. 개발한 애널리틱스의 유용성과 전달과 관련하여 요구 사항을 가지고 있을 것이다. 그들의 조언과 의견은 BI 툴의 선택에 분명히 영향을 줄 것이고, 나아가 빅데이터 기술 스택의 모든 부분에 잠재적으로 영향을 줄 수 있다. 그들은 대기시간, 정확도, 속도, 동시 실행, 일관성, 투명성 또는 전달에 대하여 요구 사항을 가지고 있을 것이다.

기술을 선택할 때는 민첩하기보다 신중해야 한다. 초기 테스트 기간과 콘셉트의 제한적 입증 단계를 거친 뒤에, 일부 솔루션은 애널리틱스 배포와 관련하여 중요한 의사결정을 내려야 할 수도 있다. 이런 경우, 기술 개발에 투자를 하거나 기술을 배포하기 전에, 여러 가지 요건을 철저하게 분석해야 한다.

당신이 금융 서비스업에 종사한다고 가정하자. 이 업종에서는 보안, 신뢰성 그리고 법 준서가 아주 중요하다. 금융 회사는 전통적으로 데이터 센터를 직접 관리하고 보안과 신뢰성을 완전히 통제하고자 한다. 그들은 특히 오픈소스 기술을 초기에 도입하는 것을 꺼린다. 금융회사는 SSL 보안 프로토콜을 지지하지 않는다. 그래서 심지어 스파크와 카프카의 초기 버전도 그들에게는 고려대상이 아니었다.

금융 서비스에서는 감사와 관련된 엄격한 요구 사항이 있는데 오픈소스 소프트웨어로는 이를 충족하기 힘들다. 대부분의 회사는 어느 정도 시스템 장애가 발생할 수 있다는 가정하에 시스템을 계획하지만, 그걸 감안하더라도 각 구성 요소의 안정성은 매우 높아야만 한다.

금융 서비스에 있어 빅데이터 기술 선택은 아래와 같은 원칙에 따라 결정된다.

- 신기술을 성급하게 도입하지 말아야 한다.
- 오픈 소스 여부를 따지지 말고 가장 안정적인 소프트웨어를 선택해야 한다.
- (유료) 지원 서비스까지 같이 도입해 안정성을 극대화한다.
- 클라우드 기반 서버를 사용할 방침이라면 주의에 주의를 기울여야 한다.

2. 기술 추천. 기술을 평가한다는 것은 꽤 어려운 일이다. 홍보자료에 열거된 제품의 특징을 읽겠지만, 유용성, 성능, 신뢰성 그리고 조직에서 기술의 성공이나 실패를 결정지을 문서화 되지 않은 특징도 면밀히 살펴야 한다.

먼저 조직 내부에서 그리고 전문 네트워크를 통해 기술에 대한 통찰을 얻고 관련 경험을 수집해라. 가트너나 포레스터를 구독하고 있는가? 그렇다면, 잡지에 실린 전문가와의 인터뷰와 다른 분석가의 논문이 도움이 될 것이다. 별도로 기술 잡지를 구독하고 있지 않다면, 콘퍼런스에 참석해서 분석가들과 대화해보기를 추천한다. 그들이 오픈소스 기술보다 전문 기술업체가 제공하는 기술에 대해 더 강한 전문성을 가지고 있을 수도 있다.

일부 독립적인 사상을 지닌 리더들은 새로운 기술에 대하여 나름의 리뷰와 추천을 한다. 그러나 기술 개발사가 기술 후원 명목으로 그들에게 돈을 지불하고 관련 글을 써달라고 요청하는 경우가 많으니, 주의하기를 바란다. 기술에 대해서 지속적으로 통찰을 제공하는 채널을 포함해서 온라인 포럼도 살펴보는 것이 좋다. 기술에 대해서 아는 것이 많은 현역들이 이런 온라인 포럼을 자주 참여하고 이용자 투표 시스템이 품질을 높게 유지하는 데 도움이 된다. 실제로 기술 개발업체는 이런 포럼에서 활발하게 활동한다.

다른 사람들이 선택한 솔루션을 복제할 때, 조심해라. 요구조건에서의 작은 차이가 완전히 다른 기술 요구조건으로 이어질 수 있다. 예를 들어 스파크는 스트리밍 애널리틱스에서 널리 참조되는 기술이다. 그래서 온라인에서 스파크를 언급하는 글을 자주 접하게 된다. 그러나 스파크는 최소한의 배치 단위로 데이터를 처리하기 때문에 1,000분의 500초(1/2초)의 대기시간을 요구하는 솔루션에는 일반적으로 적합하지 않다. 그리고 독일에서 개발된 기술인 아파치 플링크가 이런 응용프로그램에 아마도 더 적합할 것이다.

3. 기존 기술과의 결합. 당신이 개발한 분석 솔루션을 고객들이 사용하는 기술뿐만 아니라 회사 내부적으로 사용하는 기술과 결

합할 방법에 대해서 고민해야 한다. 모듈 방식의 설루션을 선택하자(이것은 더 큰 융통성을 제공한다). 그러나 자동 데이터 전송과 결합된 패키지 기술의 가격 혜택과 유용성이 결합된 설루션을 더 매력적으로 만둘 수 있다. 대형 기술개발업체는 (태블로 등) 시각화 툴에서 기본 애널리틱스, (마이크로소프트, SAS 또는 IBM 등) 클라우드 환경 또는 대형 소프트웨어 제품군에서 머신러닝, (마이크로소프트의 BI 스택과 같은) 데이터 웨어하우스와 결합된 ETL과 전달 설루션 또는 (세일즈포스의 아인슈타인과 같은) CRM 시스템에서 인공지능 등 복수의 응용프로그램에서 활용할 수 있는 설루션을 개발한다. 이러한 응용프로그램이 데이터 흐름을 보다 최적화하거나 점진적으로 증가하는 소프트웨어 비용을 최소화하는 데 적합한지 검토해야 한다. 당신이 목표로 삼은 B2B 고객의 기술 플랫폼을 이해해라. 그러므로 고객의 기술이나 클라우드 환경에 애널리틱스를 통합하거나 병렬 설루션을 개발할 수 있다.

4. 소유권의 총비용. 많은 회사들이 비용을 빅데이터 이용에 있어서 큰 장애요인으로 여긴다. 델의 2015년 설문조사에 따르면, 빅데이터 활용 증진의 최대 장애요인에 IT기반시설 비용과 아웃소싱 분석이나 운영의 비용이 있었다. 라이선싱, 하드웨어, 교육, 설치 그리고 유지관리, 시스템 이주 그리고 제3의 리소스 등 직간접 비용을 모두 고려해야 한다. IT부서는 기존 기술에 대해서 유사한 분석을 진행한 경험이 있기 때문에, 이미 이런 비용 산출 프로세스에 익숙할 것이다.

이런 비용은 지속적으로 하락한다. 그리고 비용 분석을 완료했다면, 양의 투자수익률로 이어지는 프로젝트와 솔루션을 선택할 수 있다.

5. 확장 가능성. 기술이 데이터, 복제, 이용자의 수 그리고 혁신적인 데이터소스의 증가를 어떻게 처리할지 생각해라. 그리고 라이선싱 모델이 어떻게 확장하는지도 생각해봐라. BI 툴의 라이선스는 12명의 이용자에게 배포될 때 관리 가능하다. 그러나 셀프 서비스 역량이 있는 수백 명의 직원들이 BI 툴을 사용하면 규모가 너무 커서, 관리는 엄두도 못 낸다. 이 부분에서 계획을 세워놓지 않으면, 이후 예산 편성에서 고통스러운 시간을 보낼 수도 있다.

6. 이용자층의 범위. 비주류 기술을 선택한다면, 외부 지원을 확보하는 것뿐만 아니라 기술을 운영할 내부 직원을 고용하고 교육하는 데 어려움이 있을 수 있다. 특히 회사의 소재지와 산업군에서 널리 도입된 기술을 사용하면, 능력 있는 직원을 고용할 가능성이 커진다. 그리고 제3의 기관과 프로그래머 커뮤니케이션 사이트인 스택 오버플로우와 기타 전문가 집단 등 온라인 포럼으로부터 기술 운영에 필요한 지원을 받게 될 가능성도 커진다. 이와 유사하게, 널리 사용되는 오픈소스 기술은 최신 상태를 유지할 가능성이 높고 버그와 이용성 문제를 빠르게 포착하고 수정할 것이다.

7. 오픈소스 기술 vs 특허 기술. 오픈소스 기술을 사용하면, 넓

은 커뮤니티의 아이디어와 노력이 들어간 새로운 기술을 빨리 활용할 수 있고, 개발 시간과 라이선싱 비용을 절감할 수 있다. 위에서 언급했듯이, 처한 환경에 따라 이미 써 봤기 때문에 확실히 믿을 수 있는 그리고 강력한 서비스 협약이 포함된 특허 기술을 사용해야 할 수도 있다.

8. 업계 입소문. 빅데이터와 데이터 과학 분야에서 인재를 채용하는 것은 매우 어려운 일이다. 최신 소프트웨어 프레임워크, 데이터베이스, 알고리즘과 라이브러리를 이용하면 최고의 인재를 확보할 가능성이 커질 것이다.

9. 기술의 미래 비전. 기술의 얼리어답터라면, 주변 기술에 금방 결합되고 적응하는 기술을 선호할 것이다. 앞에서 파이썬이 새로운 빅데이터 기술의 지원을 받은 최초의 프로그래밍 언어이지만, 학계에서 많은 알고리즘이 R을 이용해서 개발되었다는 이야기를 했다. 게다가 새로운 데이터 유형의 초기 소비자는 새로운 데이터 소스를 빨리 추가하는 것으로 알려진 ETL이나 BI 툴을 선택할 것이다.

기술 개발업체에 그들의 진보적인 비전에 대해 물어보자. 가트너 매직 쿼드런트를 구성하는 두 개의 축 중 하나는 '비전의 완성'이다. 이것은 기술 개발업체의 상품 전략에도 포함된다.

10.기술을 고객의 니즈에 맞춰 수정할 자유. 패키지 상자에서

꺼낸 상태 그대로의 기술을 이용하는 데 만족할 것인가? 아니면 기술 코드를 보고 니즈에 맞게 수정할 것인가? 재판매용 상품에 기술을 결합시킨다면, 라이선싱 제한사항을 확인해야 한다.

11.기술 도입에 따른 위험요인. 최신 기술은 제대로 테스트를 거치지 않아서 위험도가 더 높다. 서비스로서 아웃소싱되는 기술은 제3의 기술에 추가적으로 의존해야 되고, 기술 개발업체의 설루션은 해당 업체의 지원 서비스에 의존한다.

빅데이터 기술은 놀랍다. 그리고 빨리 발전하고 있다. 그러나 오직 기술만 가지고는 애널리틱스 계획을 구축할 수 없다. 다음 장에서는 애널리틱스 계획의 구축에 필요한 가장 중요한 자원에 대해 살펴볼 것이다. 바로 확보하는데 가장 힘이 드는 애널리틱스팀이다.

| QR코드 |

9 - 1

9 - 2

9 - 3

- 하드웨어의 종류, 클라우드의 활용, 데이터 전송, 분석 툴과 데이터 전달과 관련하여 의사결정을 내려야 한다.
- 점점 많은 기업이 클라우드 설루션을 이용하고 있지만, 클라우드 설루션 이용에 대한 우려는 여전히 존재한다.
- 서비스로서 제공되는 기술을 이용하면, 애널리틱스 프로젝트를 진행할 때 기술의 차별성에만 최대한 집중할 수 있다.
- 애널리틱스 프로젝트의 이해관계자들의 요구 사항과 선호사항은 특히 BI 툴과 관련된 기술 결정에 중요한 역할을 할 것이다.
- 서로 경쟁하는 기술 중에서 하나를 선택할 때 여러 가지 요인을 고려해야 한다.

| 생각해보기 |

- 애널리틱스 프로젝트에서 기술의 차별성에 최대한 집중하기 위해서 기반시설과 소프트웨어 중에서 서비스로 제공되는 기반시설과 소프트웨어로 대체할 수 있는 부분은 무엇일까?
- 너무 다양한 기술을 사용하고 있어서 기술의 결합에 어려움이 있지는 않은가? 서로 다른 기술을 결합하는 것이 얼마나 어려운지를 평가하고 필요한 부분에서 기술을 표준화하기 위해서 어떤 조치를 취해야 할까? 여기서 비용과 효용의 상호교환을 고려해야 한다.
- 기업이나 전문 네트워크에서 이용 가능한 기술에 대해서 선입견 없는 넓은 통찰을 제공할 수 있는 사람은 누구인가? 어떤 콘퍼런스가 여기서 도움이 될지도 생각해보자.
- 기업의 성장률을 고려해라. 현재 사용하고 있는 기술이 데이터 니즈를 처리하지 못하거나 이용자 수의 급증으로 관리비용이 터무니없이 상승할 것으로 예상되는 시기가 언제인가?

제10장

팀의 구성

좋은 팀을 구성한다는 것은 그리 쉬운 일이 아니다. 아래의 이유 때문에 빅데이터와 데이터 과학과 관련된 분야에서 팀을 구성하는 것은 특히 더 어렵다.

- 자격을 갖춘 인재의 심각한 부족
- 이 분야에서 인재가 갖추어야 할 역량을 이해하고 그런 인재를 고용해본 경험이 있는 채용 담당자 부족
- 회사에서 진행하는 프로젝트와 유사한 프로젝트를 진행한 경험이 있는 인재 확보의 어려움

빅데이터와 데이터 과학 분야에서 인재 부족은 수년간 지속됐다.

거의 모든 기업은 쓸 만한 인재를 확보하는 데 항상 어려움을 겪는다. 인재 부족 현상이 너무 심각해서, 이 현상을 주제로 각종 행사가 개최되기도 한다. 빅데이터와 데이터 과학 분야의 심각한 인재 부족 현상을 눈치챈 헤드헌터들과 채용 전문업체는 자신들이 보유한 인재를 마치 이 분야의 전문가인 양 소개했다.

이번 장에서는 빅데이터와 데이터 과학과 관련된 프로젝트를 진행할 때 팀에 반드시 있어야 하는 주요 역할에 대해서 살펴볼 것이다. 여기에 더해서, 이런 역할을 수행할 사람을 직접 고용하거나 아웃소싱할 때 고려해야 할 사항도 살펴볼 것이다. 먼저, 신비로운 '데이터 과학자'의 역할에 대해 살펴보자.

데이터 과학자

데이터 과학자는 최근에 새롭게 등장한 직함이다. 처음에 데이터 과학자는 업무에 주로 데이터를 다루는 수십여 개의 직업을 지칭하는 용어였다. '공인'을 받아야 회계사가 되고, '허가'를 받아야 의사가 된다. 그리고 심지어 '자격증'이 있어야 응급대원이 될 수 있다. 그러나 '데이터 과학자'는 누구나 자칭이 가능하다.

'과학자'는 전통적으로 주변에 활용할 수 있는 모든 도구로 자신을 둘러싼 환경을 관찰하고 해석하는 창의적인 사람을 지칭해왔다. '엔지니어'는 특정 분야에서 전문적인 훈련(또는 교육)을 받은 사람을 의미한다. 인공지능이 비구조적인 빅데이터 스토어에 적용되는 등 데이터소스와 데이터와 관련된 방법론의 변화로 말미암아 기업은 통계 기법과 수적 데이터 최적화 등 미리 정의된 (엔지니어링) 분석방법에서 탈피해야 했다. 그리고 폭넓은 데이터소스에 신경망, 서포트 벡터 머신, 은닉 마르코프 모델, 미적분 기반 최적화, 선형 및 정수 프로그래밍, 네트워크 유량 최적화, 통계기법 그리고 데이터 마이닝과 인공지능에 유용하다고 입증된 기타 분석방법론 등 다양한 분석 툴을 비즈니스에 창의적으로 적용해야 했다. 게다가 기업은 이런 방법론을 이용해서 파일에 저장된 익숙한 데이터뿐만 아니라 웹로그, 이메일, 머신센서 데이터, 비디오 이미지 그리고 소셜미디어 데이터 등 종류를 막론하고 찾을 수 있는 모든 데이터를 분석하기 시작했다. 그 결과, '과학'은 '현직자들이 전통적인 방법론에서 탈피해 창의적인 새로운 방법을 찾는 학문'을 의미하게 되었다.

요즘에는 데이터의 활용범위를 창의적으로 확대하는 전문가뿐만 아니라 10년 전이라면 통계 전문가, 마케팅 분석가 또는 금융 분석가로 불렸을 사람까지 '데이터 과학자'라 불린다. 데이터 과학자의 범위가 너무 광범위해져, '데이터 과학자'는 오히려 아무 의미 없는 단어가 되었다.

2012년 《하버드 비즈니스 리뷰(Harvard Business Review)》는 데이터 과학자를 '21세기 가장 섹시한 전문인'이라고 소개했다.[10-1] 직업 포탈인 글래스도어는 2016년과 2017년에 데이터 과학자를 미국에서 최고의 직업으로 선정했다.[10-2] 그러므로 최근에 자격을 반만 갖춘 사람들이 이 분야로 홍수처럼 밀려들어오는 것은 그리 놀랄 일도 아니다. 이로 말미암아 데이터 과학자의 채용시장의 물이 더 흐려졌다. 직업 포탈인 인디드닷컴을 보면, 지난 몇 년 동안 데이터 과학 분야의 채용 공고는 거의 같은 수준으로 유지되고 있지만(그림 10.1), 지원자의 수는 꾸준히 증가하고 있다(그림 10.2). 그렇다고 자격을 갖춘 지원자의 수가

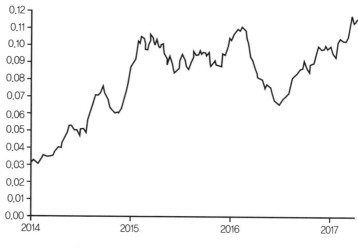

〈그림 10.1〉 '데이터 과학자'란 용어가 포함된 채용공고의 비율

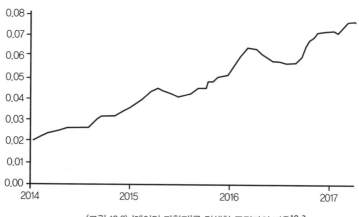

〈그림 10.2〉 '데이터 과학자'를 검색한 구직자의 비율[10-3]

증가하고 있다는 의미는 아니다. 데이터 과학자를 찾는 구인광고에 지원자가 급증하면서, 이들을 제대로 평가해서 옥석을 가려내는 일이 더욱 중요해졌다.

'데이터 과학자'는 이토록 애매한 직업이지만, 기업은 채용공고에 이 단어를 사용하고 싶어 한다. 만약 당신이 채용공고에 '데이터 과학자'란 단어를 사용하려면, 지원자가 정말 갖추었으면 하는 역량이나 기대하는 역할을 구체적으로 서술해야 한다. 앞으로 데이터 프로젝트 팀원의 핵심 역할을 설명할 때도 '데이터 과학자'란 단어를 자주 접하게 될 것이다. '데이터 과학자'란 단어에 집착하기 보다는 프로젝트를 진행할 때 반드시 필요한 역량을 지닌 인재에 집중해야 한다.

이제 빅데이터와 데이터 과학 프로젝트에 참여시키고 싶은 구체적인 업무 역할을 살펴보자.

애널리틱스 프로젝트에 필수적인 데이터와 애널리틱스 관련 역할

플랫폼 엔지니어들

서비스로서의 인프라스트럭처나 서비스로서의 플랫폼을 이용하지 않는다면, 전문 컴퓨터 시스템, 특히 분산 컴퓨팅 클러스터를 운영할 사람이 필요하다. 이 업무는 일반적으로 '시스템 엔지니어', '사이트 운영자' 그리고 '개발 운영자'가 맡는다.

데이터 엔지니어들

데이터 분석을 준비하는 것은 데이터를 분석하는 것보다 더 많은 시간이 소요된다. 데이터 분석 준비는 데이터소스에서 데이터를 추출하고 추출한 데이터를 전송/정제하고 회수와 분석에 최적화된 테이블에 데이터를 입력하는 것이다(ETL 프로세스). 전문 소프트웨어가 도움이 되겠지만, 이 과정은 여전히 많은 시간을 잡아먹는다. 그리고 전문적으로 교육을 받지 않은 사람이 이 역할을 맡으면, 제대로 된 분석 결과를 얻을 수 없다. 그러므로 데이터 엔지니어에게 이 업무를 맡겨야 한다.

데이터 엔지니어는 아래와 같은 전문지식을 보유하고 있어야 한다.

- 빅데이터 생태계와 (피그, 스톰 등) 관련된 데이터 조작 툴뿐만 아니라 다목적 ETL 툴을 이용할 수 있다.
- 데이터 웨어하우스 테이블을 설계할 수 있다. 보유하고 있는 분석 툴에 따라 차이가 있겠지만, 데이터 웨어하우스 테이블에는 OLAP 큐브, 데이터 마트 등이 있다. 데이터베이스 테이블이 허술하게 설계되면, 불안정성과 시간지연으로 보고 자료와 데이터 쿼리를 사용할 수 없게 된다. 데이터베이스 설계 전문가는 동료 직원들이 최적화된 데이터 쿼리를 작성하도록 돕는다. 그래서 쿼리 개발에 소요되는 시간과 노력을 절약하고 쿼리를 실행하는 시간도 줄일 수 있다.

데이터 엔지니어를 구하는 것이 유난히 어려운 지역이 있다. 그래서 전문 데이터 엔지니어를 확보하지 못해서, 전문교육을 받지 않은 팀원들이 분석할 데이터를 준비하는 데 많은 시간을 낭비하고 결국 그저 그런 데이터 분석 결과를 도출해내는 경우를 나는 많이 봤다.

알고리즘 전문가들

수학과 통계, 인공지능 전문가들이 주로 애널리틱스 프로젝트를 이끈다. 그들은 데이터로 '마법'을 부린다. 그들은 바둑에서 세계 챔피언을 꺾은 프로그램을 개발하거나, 넷플릭스에서 고객이 다음으로 좋아할 만한 영화를 추천하거나, 주방용 토스터기를 10% 할인된 가격에 판매할 순간을 예측해낸다. 그리고 그들은 2/4분기 매출과 다음 주에 만날 고객의 수도 예측해낸다.

그러므로 애널리틱스 프로젝트에는 수학을 전문적으로 다뤄본 경험이 있는 사람이 반드시 필요하다. 이런 사람들은 보통 수학, 통계학, 컴퓨터 과학, 엔지니어링 또는 물리학에 학위를 가지고 있을 것이다. 거기에 더해 자바, 스칼라, R, 파이썬 또는 C/C++ 등의 프로그래밍 언어로 알고리즘을 설계하고 코드작업을 한 경험을 반드시 가지고 있어야 한다. 덧붙여 객체 지향 프로그래밍에 경험이 있으면 좋다. 이미지나 음성 인식용 알고리즘처럼 매우 전문적 알고리즘을 개발하는 프로젝트라면, 앞서 언급한 분야에 박사학위를 지닌 사람이 필요할 수 있다.

애널리틱스 프로젝트에 합류할 알고리즘 전문가를 찾을 때, 나는 주로 다음의 요소를 집중적으로 살핀다. 물론 한 사람이 이 모든 전문지식이나 기술을 보유하고 있지는 않을 것이다. 그러나 팀 내에서 이런 전문지식과 기술을 해결할 수 있어야 한다.

- **통계학에 대한 전문지식.** A/B 테스트와 예측에서 통계학이 사용된다. 응용프로그램에 따라 사용되는 통계모델과 통계기법이 달라진다. 대부분의 팀원들이 통계학에 대해 기본적인 지식을 갖추고 있겠지만, 통계학에 전문적인 지식을 보유하고 있는 사람이 팀에 있는 것이 좋다.

- **수학적 최적화에 대한 전문지식.** 애널리틱스 프로젝트에서는 기본적으로 (유사 뉴턴법, 경사하강법 등) 다변량 미적분 기반 모델, 선형/정수 프로그래밍, 그리고 네트워크 유량(Network flow) 알고리즘이 필요하다. 이것들은 특정 응용프로그램에서 중요한 툴이 된다. 이런 분석 툴이 없으면 '나사에 망치질 하는 격'이 된다.

- **일반 알고리즘 시제품화 툴에 대한 전문지식.** 나임, 래피드마이너, H2O.ai, SAS 엔터프라이즈 마이너, 애저 ML 등의 툴을 다루고 가능하면 몇 가지 앙상블을 만들어서 모델링과 데이터 프로세싱으로 다양한 모델을 빨리 테스트할 수 있는 사람이 필요할 것이다. 예를 들어 특정 분류 문제에서 이런 지식을 보유한 전문가들은 향후 애널리틱스 개발과 배포에 가장 유망한 모

델을 빨리 결정하여 통계적 회귀분석의 결과, 서포트 벡터 머신의 결과 그리고 의사결정나무의 결과를 비교할 수 있다.

- **강한 알고리즘 코딩 기술.** 생산 시스템에는 잘 설계되고 효율적인 코드를 삽입해야 한다. 어떤 코드로 이뤄졌느냐에 따라 알고리즘은 매우 느리게 또는 매우 빨리 작동한다. 이런 이유로, 프로그래밍 언어로 바로 생산 시스템을 가동시킬 수 있는 알고리즘의 코드를 설계할 수 있는 유능한 팀원이 필요하다. 팀에서 누군가는 컴퓨팅 작업의 복잡성도 잘 이해하고 있어야 한다. 이것은 알고리즘의 확장 가능성과 연관된다. 문제의 크기가 두 배 커지면, 생산 시스템의 작업 속도가 100배 느려질 수 있다. 그러므로 문제의 크기가 커지면서 알고리즘이 더 이상 쓸모가 없어지는 경우가 생길 수 있다.

알고리즘 코드 작업을 담당할 전문가를 확보하기 위해서 지원자의 학위와 출신 학교를 면밀히 살펴라. 알고리즘에 특히 강한 대학교가 있다. 알고리즘 관련 학위를 따는 데 투자해야 할 노력의 크기는 국가마다 다르다.

설상가상으로 전반적으로 좋은 평가를 받지는 못하지만 특정 분야에서 우수한 평가를 받는 대학교들도 있다. 놀랍게도 워싱턴 대학교의 컴퓨터 과학과정이 프린스턴 대학교과 하버드 대학교의 동일 과정보다 더 높은 순위에 랭크되어 있다. 마지막으로 같은 학교 출신의 두 박사학위 소지자의 능력 차이가 트럭 한 대가 거뜬히 지나 갈 만큼 클 수도 있다는 점을 기억해라.

알고리즘 개발과 관련된 일부 업무, 특히 극단적인 혁신이 요구되는 업무를 담당할 사람을 찾을 때, 관련 경험보다 지능과 창의성이 더 높이 평가된다.

수년 전, 한 친구가 세계 최고의 헤지펀드 회사에서 면접을 봤다. 전 면접단계에는 5~6시간의 문제 풀이가 포함되어 있었다. 머리를 쥐어짜서 고민해야 풀 수 있는 문제들이었고, 금융시장이나 심지어 코드작업과 관련된 문제는 거의 없었다.

이 회사는 알고리즘 개발자로 다듬어지지 않은 창의적인 인재를 찾고 있었다. 이 회사는 이런 인재는 관련 업무를 배울 능력이 충분하다고 믿었다. 그러나 이것은 알고리즘 개발자를 채용할 때나 써먹을 수 있는 전략이다. 데이터 엔지니어와 비즈니스 분석가를 채용할 때는 적합하지 않다.

비즈니스 분석가들

당신이 채용한 데이터 과학자의 대부분은 '비즈니스 분석가'라고 불리는 사람들일 것이다.

비즈니스 분석가는 비즈니스 마인드를 지닌다. 그리고 비즈니스 분석가는 사업부서가 제시한 기본적이지만 중요한 데이터 관련 질문에 답하는 사람이다. 그들은 일반적으로 기초적인 기술을 이용해서 데이터를 모으고 스프레드시트를 이용해서 데이터를 분석한 뒤 결과를 최종 이용자에게 전달한다.

다시 말해, 비즈니스 분석가는 마이크로소프트 엑셀에 매우 능숙한 사람이다.

비즈니스 분석가의 배치에 대해서 많은 관점들이 있다. 어떤 기업은 비즈니스 분석부서를 만들어서 데이터와 관련된 업무를 중앙집중식으로 처리한다. 반면 각 사업부에 비즈니스 분석가를 배치하는 기업도 있다.

비즈니스 분석부서의 비즈니스 분석가들은 서로 관련 지식을 공유하고 최우선 순위에 따라 업무를 처리한다. 반면, 사업부에 각자 배치된 비즈니스 분석가는 사업부서의 상황을 정확하게 파악하고 데이터 분석에 대한 피드백을 빨리 받을 수 있다.

이렇게 비즈니스 분석가를 각 사업부서에 배치하는 것은 주로 중소기업이 사용하는 배치방식이다. 임원급의 후원이 필요하지 않고 부서 수준에서 필요한 자금을 지원할 수 있기 때문이다. 그리고 부서에서 데이터를 분석해야 할 때, 즉시 대응할 수 있다.

어떤 경우든, 비즈니스 분석가들은 서로 의사소통하면서 의견을 공유한다. 그리고 알고리즘 개발자, 특히 데이터 엔지니어와 지속적으로 의사소통을 해야 한다. 비즈니스 분석가는 알고리즘 개발자에게 귀중한 비즈니스 통찰을 제공할 것이다.

알고리즘 개발자는 이 통찰을 활용해서 최전선의 문제에 혁신적인 설루션을 제안할 수 있다. 데이터 엔지니어는 적극적으로 데이터를 추출하여 비즈니스 분석가를 지원할 것이다. 이런 지원이 없으면, 최적화되지도 않은 쿼리를 짜는 데 시간을 낭비하게 될 것이다.

웹 분석가들

온라인 고객 행동은 매우 중요한 데이터소스다. 성숙된 웹 애널리틱스 프로그램은 매우 다양하다.

어떤 웹 애널리틱스 프로그램을 선택하든지 (브라우저와 모바일 OS 업데이트 등) 웹 애널리틱스와 관련 기술의 최신 개발동향을 잘 알고 있는 노련한 전문가가 프로그램을 관리하도록 해야 한다.

웹 분석가는 웹과 응용프로그램에 태그를 지정하여 고객의 온라인 활동에 관한 데이터를 효과적으로 수집하는 업무를 전담할 것이다. 일부 웹 애널리틱스 툴도 브라우저와 응용프로그램뿐만 아니라 연결된 모든 디지털 기기에서 자료를 수집할 수 있다.

여기서 웹 분석가는 데이터 통합을 지원한다. 웹 분석가는 컨버전 깔때기를 제작하고 고객에 태그를 지정하여 브라우저 업데이트와 관련된 데이터 오류 등이 일어날 수 있는 모든 실행 문제를 모니터하고 처리한다. 그들은 조직의 데이터베이스 또는 웹 애널리틱스 서버에서 내부 데이터와 웹 애널리틱스 데이터의 통합을 지원한다.

웹 분석가는 데이터를 추출하고 분류하여 이용 가능한 API와 인터페이스로 보고서를 작성한다. 이런 이유로, 웹 분석가는 A/B 테스트, 데이터 웨어하우징, 마케팅 분석, 고객 분류 등에 직접 개입한다.

보고 전문가들

그래프와 테이블을 잘 다루는 직원을 고용하거나 기존 직원에게 관련 교육을 시키면 대단한 이득이 생길 것이다. 그래프와 테이블 작업에는 예술적 요소와 과학적 요소가 혼합되어 있다. 그래서 아래 분야에 탁월한 사람들에게 맡겨야 한다.

- 활용사례에 가장 적합한 테이블이나 그래프의 선택. 예를 들어, 그래프가 테이블보다 추세가 더 빨리 드러나고 테이블은 연속적인 업무의 검토에 보다 효과적이다.
- 데이터에 가장 적절한 레이아웃과 형식의 선택. 예를 들어, 수직적으로 제시된 시계열 데이터가 포함된 보고서는 직관적이지 않다.
- 눈을 어지럽게 하는 불필요한 그래프나 테이블의 제기. 보고를 받는 사람이 가장 중요한 데이터에 집중할 수 있도록 해야 한다. 매우 힘든 작업이다.
- 게슈탈트(gestalt)와 전주의적(前注意的) 프로세싱의 활용
- 혼동을 최소화하는 모양과 색깔의 선택

스티븐 퓨는 여러 서적에서 데이터 시각화의 성공사례를 다뤘다.[1]

기술 단계에서 보고 전문가는 소스 시스템에서 데이터를 추출하기 위한 데이터베이스 쿼리를 편안하게 작성할 수 있어야 한다. 그러므로 사내 BI를 이용해 교육을 해야 한다.

리더십

리더십은 애널리틱스 프로젝트의 성공을 결정하는 핵심요소다. 이전에 참고한 캡제미니 조사에서 거의 절반에 달하는 기업이 이미 데이터를 사업에 활용하기 위해서 구조조정을 실시하고 있었다. 그리고 1/3이 데이터 프로젝트가 회사의 비즈니스 범위를 확장했다는 사실을 인식하고 빅데이터 업무를 감독할 사람을 임명하고 있었다.

---

1   Few, S. 저(2012) Show me the Numbers: Designing Tables and Graphs to Enlighten, 2nd edition. Analytics Press, Burlingame, CA, USA, p. 15.

Few, S. 저(2013) Information Dashboard Design: Displaying Data for At-a-Glance Monitoring, 2nd edition. Analytics Press, Burlingame, CA, USA.

Few, S. 저(2009) Now You See It: Simple Visualization Techniques for Quantitative Analysis, 1st edition. Analytics Press, Burlingame, CA, USA.

Few, S. 저(2006) Information Dashboard Design: The Effective Visual Communication of Data. O'Reilly Media, Sebastopol, CA, USA.

Few, S. 저(2015) Signal: Understanding What Matters in a World of only Noise. Analytics Press, Burlingame, CA, USA.

때때로 나는 애널리틱스 프로젝트를 이끌 리더의 자격요건을 정하고 유능한 사람을 채용할 수 있도록 도와달라는 요청을 받는다.

주로 두 가지 이유로 기업은 '선임 데이터 과학자'를 뽑는다.

1. 데이터 과학 또는 빅데이터를 활용하기 위해서 새로운 부서를 조직하려고 한다.
2. 기존의 관리직을 이용해서 신설 부서를 운영하려고 시도했고 (힘들게) 새로운 전문화된 리더가 신설 부서에 필요하다는 사실을 깨달았다.

나는 거의 20년 동안 금융과 비즈니스 애널리틱스 분야에 종사했다. 그리고 애널리틱스 프로젝트를 이끌 리더를 찾기 위해 수백 명의 면접을 봤다.

수백 명의 면접을 보기 위해서는 이보다 훨씬 더 많은 이력서를 읽어야 한다. 내가 검토한 지원자들은 전 세계에서 모인 사람들이었다. 다수가 와튼 스쿨, 시카고 부스 대학교 또는 옥스퍼드 대학교와 같은 일류 대학에서 기술 프로그램이나 MBA 프로그램을 공부했던 사람들이었다.

이렇게 수년 간 많은 우수 인재들을 찾고 고용하는 것은 정말 영광이었다. 그러나 후보자가 반드시 충족해야 할 조건이 복잡했기 때문에, 애널리틱스 프로젝트를 이끌 사람을 찾는 것은 특히 까다롭고 힘들었다.

리더의 3가지 핵심 역량

애널리틱스 프로젝트의 리더는 기술, 비즈니스 그리고 의사소통 영역에 뛰어나야 한다.

대체로 이 3가지 영역에서 어느 하나가 탁월하면 나머지 둘은 엉망이다. 예를 들어, 기술 역량이 뛰어난 사람은 기술에 대해서 전혀 모르는 동료와의 의사소통에는 관심이 없고 비즈니스 가치보다 기술적 혁신을 우선시한다.

기술 역량

애널리틱스 관점에서 프로젝트 리더는 다양한 툴과 기법에 익숙하고 기술을 심도 있게 다루는 업무를 해본 사람이어야 한다. 기업은 통계학, 딥러닝, NLP 또는 정수 프로그래밍과 같은 분야의 전문가를 분야별로 각각 채용할 수 있다. 그러나 프로젝트를 직접 이끌 사람은 회사에서 활용하는 분석 툴 전체를 개략적으로 파악하고 있어서 비즈니스 문제를 해결하는 데 가장 적합한 분석 툴을 선택하고 어느 분야의 전문가가 필요한지를 알고 필요한 인재를 확보할 수 있어야 한다.

프로젝트 리더는 데이터베이스 기술, 프로그래밍 프레임워크, 개발언어와 시제품화 툴 등 다양한 툴에 익숙해야 한다. 기술을 활용할 수 있는 분야는 꽤 다양하고 계속 확대되고 있다. 기존 기술을 적절하게 활용하면 내부적으로 새로운 툴을 개발하는 데 소요되는 수개월 또는 수년의 시간을 쉽게 절약할 수 있다.

결과를 전달하는 능력

애널리틱스 프로젝트의 리더가 아래의 일을 해내지 못 한다면, 프로젝트는 실패한다.

- 가시적인 사업 동력과 핵심성과지표를 이해한다.
- 여러 산업에서 실시된 연구 결과를 바탕으로 프로젝트에 적절한 데이터 과학 기법, 툴 그리고 응용프로그램을 선택한다.
- 불필요한 부분을 모두 제거하고 효율적으로 애널리틱스 프로젝트를 실행한다.
- 자신의 비전을 잘 전달하여 동료들로부터 지지와 승인을 얻는다.

프로젝트 리더 채용 프로세스

일반적으로 다음의 3단계를 거쳐 애널리틱스 프로젝트를 이끌 리더를 채용한다.

1. **인사팀과 의견을 조율한다.** 기업의 인사팀과의 업무는 대체로 나에게 즐거운 경험이었다. 그들은 항상 새로운 인재상을 배우기 위해 최선을 다했다. 애널리틱스 프로젝트 리더의 역할은 기업의 인사팀에게 새로웠다. 그래서 적임자의 역량, 기술수준, 교육수준과 경력 등도 그들에게 새로울 수밖에 없었다. 우리는 업무 범위를 정하고 채용공고를 배포할 채널을 결정하고 후보자들을 검토하기 위해서 수차례 회의를 했다. 프로세스 초기 단계에서 연봉 범위를 설정해야 한다. 채용시장에서 애널리틱스 프

로젝트 리더의 연봉 수준은 상당히 높다. 그렇다고 터무니없는 액수가 아니다. 연봉 범위를 시장 수준으로 설정하는 데 너무 오랜 시간이 걸리면, 자칫 우수한 후보자를 놓칠 수 있다.

2.강력한 후보자를 찾는다. 이것이 아마도 가장 까다롭고 힘든 단계일 것이다. 지금 당신은 애널리틱스 프로젝트를 완전히 장악하고 이끌 사람을 찾고 있는 것이다. 조직의 구조에 따라서는 데이터 거버넌스까지도 책임져야 할 수도 있다. 우선, 프로젝트 리더가 갖춰야 할 핵심 역량을 고민한다. 그리고 면접에서 후보자들이 자신의 열정, 포부 그리고 경험을 이야기할 수 있는 기회도 제공해야 한다.

기술적 지식이 거의 없는 사람이 애널리틱스 프로젝트를 이끌 후보자의 경력을 직접 확인한다는 것은 정말 어렵다. 심지어 불가능한 일일 수도 있다. 그러나 관련 분야의 성과와 후보자의 비전을 검토할 수는 있다. 기술팀에게 후보자의 기술에 대한 이해도를 평가해 달라고 부탁하자. 그리고 임원진을 채용 프로세스에 참여시켜서 후보자의 의사소통 능력과 사업 감각을 평가하자.

3.적임자를 확보한다. 많은 기업이 최고의 후보자에게 러브콜을 보낼 것이다. 경쟁력 있는 연봉을 제시하고 긴밀한 후속조치로 최종 후보자의 부수적인 문제를 빨리 처리해야 한다. 개인적인 경험에 비춰보면, 강력한 후보자들은 흥미롭고 풍부한 데이터를 활용하는 프로젝트와 지나친 간섭 없이 창의적이고 의미 있게 조직에 기여하는 업무에 가장 큰 매력을 느낀다.

데이터팀
채용하기

빅데이터를 다루는 직업이 생긴 지 불과 몇 년 되지 않는다. 그래서 많은 채용회사가 빅데이터 인재상을 이해하고 적임자를 찾는 데 애를 먹고 있다.

내가 만난 몇몇 채용회사는 데이터 엔지니어와 알고리즘 개발자도 제대로 구분하지 못 했다. 그들은 빠르게 변하는 기술에 익숙하지 않아서 후보자의 이력서에 적힌 역량과 경험을 의뢰받은 직무의 지원 자격과 연결하지 못 했다.

심지어 기업이 찾고 있는 인재상을 가장 잘 설명하는 채용공고를 작성하는 것조차 도와주지 못하는 채용회사도 있었다. 최고의 인재가 매력적으로 느낄 채용공고를 작성하기 위해 애쓰다가 결국 옛날에 사용했던 채용공고를 재활용하는 경우도 있었다.

이런 채용공고를 본 지원자는 채용공고를 낸 기업이 최신 기술의 트렌드에 뒤처져 있고 현대 기술과 단절되었다고 느끼고 지원을 포기한다.

인재채용과 관련해서 다방면에 걸쳐 많은 노하우를 보유한 채용회사도 있다. 이런 채용회사의 최대 경쟁사는 기술기업의 내부 채용담당자다. 기술기업의 채용담당자들은 종종 이들로부터 우수한 인재를 가로채기도 한다. 그러므로 당신은 후보자를 모으는 방법을 다시 한번 고민해볼 필요가 있다.

외부 채용전문가로 구성된 네트워크를 넓히고 기업 내부의 채용

담당자가 애널리틱스 프로젝트 리더의 역할뿐만 아니라 타깃 후보자들의 선호사항과 특이사항을 이해할 수 있도록 도와야 한다. 기업의 채용담당자를 좋은 데이터 콘퍼런스에 보내 애널리틱스와 관련된 개념과 기술을 이해하고 새로운 사람들과 네트워크를 형성하도록 만들어야 한다.

사·례·연·구

 ### 미국에서 가장 전도유망한 기업의 애널리틱스 인재 확보 방법

인스타카트는 2012년 전직 아마존 직원이 실리콘밸리에 설립한 식료품 당일배송 서비스를 제공하는 온라인 업체다. 2015년 포브스는 인스타카트를 '미국에서 가장 유망한 기업'이라고 소개했다. 2017년 인스타카트는 1,000명의 직원을 둔 시가총액이 수십 억 달러에 이르는 대기업으로 성장했다.

인스타카트는 주문 조달 시간을 줄이고 배달 경로를 계획하고 고객에게 신상품을 추천하고 수요와 공급의 균형을 맞추는 몇 가지 중요한 업무에 머신러닝 기법을 이용한다.

최근 인터뷰에서, 데이터 사이언스의 부사장 제레미 스탠리(Jeremy Stanley)는 인스타카트가 어떻게 애널리틱스 직원을 채용하고 있는지 상세히 설명했다. 인스타카트의 데이터 담당자들은 크게 2가지 부류로 나뉜다.

1. 사업 전략과 의사결정을 돕기 위해 분석 툴을 활용하는 비즈니스 분석가

---

2. 기능별로 각 팀에 소속되어 생산 시스템에 배포할
   소프트웨어를 구축하는 머신러닝 엔지니어

인스타카트는 경력이 탄탄한 머신러닝 엔지니어들만 채용한
다. 하지만 내부 소프트웨어 엔지니어들이 머신러닝 엔지니
어가 될 수 있도록 교육도 실시한다.

이 교육은 대략 1년 과정이다. 인스타카트는 비즈니스 분석
가에게 바로 생산 시스템에 배포할 수 있는 머신러닝 소프트
웨어를 개발하는 기술을 가르쳐 그들을 머신러닝 엔지니어로
키워내는 데 통상 2~3년이 걸린다고 추정했다. 이런 이유로
인스타카트에는 직무를 전환하여 머신러닝 엔지니어로 활동
하는 비즈니스 분석가는 아무도 없다.

인스타카트는 깔때기의 최상위 단계(적당한 후보자 발굴)이
가장 어렵다고 느낀다. 그러나 아래의 방법을 활용해 적당한
후보자를 확보한다.

　　1. 현재 직원들의 네트워크를 활용한다.
　　2. 공개적으로 흥미로운 프로젝트를 소개한다(인스
　　　 타카트는 최근 딥러닝 응용프로그램에 관한 글을
　　　 블로그에 공개했다).
　　3. 애널리틱스 프로젝트와 데이터 세트의 코드를 공
　　　 개하고 대회를 개최해서 커뮤니티의 발전에 기여한
　　　 다.

인스타카트의 분산모델에서 데이터 과학 부사장이 채용, 모
니터링 그리고 당면 프로젝트에 업무 시간을 고르게 분배하
여 애널리틱스 담당자의 채용과 모니터링과 관련된 대부분의
업무를 처리한다.

대규모 채용과
스타트업 인수

애널리틱스 프로젝트와 관련하여 직원을 대규모로 채용할 때, 적임자를 채용하는 것은 더 힘들어진다. 개념 증명을 통해 애널리틱스 프로젝트의 규모를 정했다면, 프로젝트에 필요한 직원을 최대한 빨리 확보하고 싶을 것이다. 최근 맥킨지가 700개 기업을 대상으로 실시한 조사에 따르면, 애널리틱스 프로젝트로 인한 영업이익 증가분의 15%가 전문가의 대규모 채용과 관련이 있었다. 10-3

일부 자리는 내부 직원을 재배치해서 채울 수 있다. 특히 소프트웨어 개발에 필요한 일반적인 기술이나 애널리틱스와 관련된 일반적인 역량이 요구되는 자리가 여기에 해당된다. 반면, 인공지능과 관련하여 보다 전문화된 기술과 역량이 요구되는 자리는 상대적으로 규모가 작은 전문기업을 인수해서 필요한 인력을 확보하는 기업도 있다.

특히 스타트업이 인수대상이 된다. 2010년 이베이는 크리티컬 패스 소프트웨어를 인수해서 모바일 개발자 풀을 빠르게 확대했다. 이처럼 인공지능과 관련된 스타트업들이 대기업에 인수되는 사례가 많다. 구글은 (직원이 75명이었던) 딥마인드를 인수했고, 우버는 (직원이 15명이었던) 지오매트릭 인텔리전스를 인수했다.

인공지능 플랫폼 '아인슈타인'을 출시한 세일즈포스는 2016년 팔로알토에 소재한 스타트업 메타마인드를 인수하여 인공지능 분야의 핵심 인재를 확보했다. 이때 세일즈포스는 '고객 지원, 마케팅 자동화 그리고 많은 기타 비즈니스 프로세스를 더 자동화하고 개인화'하고

'세일즈포스 플랫폼에 딥러닝을 삽입하여 회사의 데이터 과학 역량을 확장'하는 것이 인수의 목적이라고 밝혔다.

1만 명의 소프트웨어 개발자와 설계자를 보유한 제너럴 일렉트릭은 최근 사물인터넷 소프트웨어 플랫폼인 프레딕스를 출시했다. 제너럴 일렉트릭은 2013년 100명의 프레딕스팀을 2015년 1,000명으로 늘렸고 소프트웨어팀 전체를 대상으로 새로운 플랫폼인 프레딕스를 기반으로 재교육할 계획이다.[10-4] 스타트업 인수가 이 급성장의 동력이기도 했다. 제너럴 일렉트릭은 핵심 기술 서비스업체인 누레고의 공동 창립자를 프레딕스의 총괄 책임자로 임명했고 이어서 누레고를 인수했다. 그림 10.3은 지난 몇 년간 인공지능 기업의 인수 증가 속도를 보여준다.

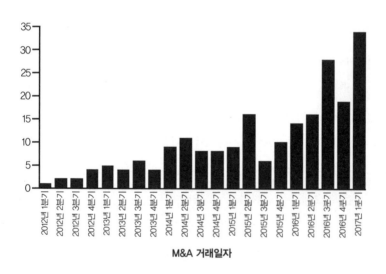

〈그림 10.3〉 인공지능 관련 기업의 인수 비율(2012~2017)[10-5]

아웃소싱

내부인력 충원을 위해서 외부 인력을 활용하거나 전체 프로젝트나 서비스를 아웃소싱할 수도 있다.

프로젝트를 아웃소싱하면 애자일 개발 프로세스를 촉진하고 기업의 핵심 역량에 집중할 수 있다. 아웃소싱을 통해 프로젝트를 진행할 때 필요한 전문인재를 빨리 확보해서 활용할 수 있다. 내부인력만 활용해서 프로젝트를 진행하면, 수개월이 걸리기도 한다. 내부 인력을 재배치하거나 새로운 인력을 채용해야 할 수도 있기 때문이다. 그러나 제3의 업체(아웃소싱 업체)는 며칠 또는 몇 주 안에 프로젝트에 착수할 수 있을지도 모른다(내부인력을 활용하든 아웃소싱을 하든 개념 증명은 어려운 일이다).

전문적으로 애널리틱스 프로젝트를 진행한 경험을 지닌 외부 인력으로 구성된 팀은 개념 증명을 몇 주 안에 끝낼 수도 있다. 그러나 견줄만한 경험이 없는 내부 인력으로 구성된 팀은 개념 증명에만 수개월이 걸릴 수 있고, 결국 실패할 가능성이 크다. 그래서 외부 인력을 활용하면 프로젝트 진행속도가 상당히 빨라진다. 이 덕분에 어느 애널리틱스 프로젝트가 가치를 창출할지를 빨리 결정하고 아주 빠른 시일 내에 프로젝트의 혜택을 볼 수도 있다.

외부 인력을 활용하면 하루에 발생하는 비용이 내부 인력의 임금보다 몇 갑절 더 높을 수 있다. 그러나 개발 시간의 차이를 고려하면, 외부 인력을 활용하는 것이 비용적으로 훨씬 효율적일 것이다. 개념 증명 단계에서 제작 단계로 넘어가면, 내부 전문 인력을 활용해 프로젝트를 이어나가고 싶을 수 있다. 그러나 이렇게 하려면 장기 투자를 뒷받침하는 비즈니스 사례가 있어야 한다.

많은 기업이 내부 인력을 보완하기 위해서 외부 인력을 활용한다. 외부 인력을 조직 내부의 팀에 배치하는 것이다. 이렇게 외부 인력으로 내부 인력을 보완하면 아래의 3가지 목적이 달성된다.

1. 채용하기 어려운 인재를 빠르게 활용할 수 있다.

2. 필요할 때 인원을 감축하는 유연성이 생긴다(이것은 유럽국가처럼 노동법이 엄격한 국가에서 특히 중요하다).

3. 인원을 감축하고 운영비를 설비투자로 이전하여 재정 상태에 관리할 수 있다. 이 둘은 투자자들의 관심분야다.

· 기억해두기 ·

외부 전문가를 활용하는 것이 프로젝트를 빨리 착수하거나 개념 증명을 수행하는 최상의 방법일 수 있다.

프로젝트를 아웃소싱하거나 외부 인력을 활용할 때, 주의사항이 있다. 고급 데이터 과학 컨설턴트를 구하는 것은 어렵다. 같은 기업 내에서도 컨설턴트의 실력은 천차만별이다. 애널리틱스 프로젝트는 성격상 R&D 프로젝트에 해당된다. 그래서 분석가의 강점에 상관없이, 가시적인 성과나 혜택이 전혀 없을 수 있다. 그러므로 적임자를 영입해서 프로젝트의 성공 확률을 최대화하는 것은 특히 중요하다. 가능하다면, 사장이 각각의 프로젝트를 직접 관리하는 소형 컨설팅 회사

를 찾아라.

내부 인력을 활용하여 유능한 팀을 구성하고 필요하면 언제든지 연락할 수 있는 외부 인력을 확보했다면, 당신은 다른 사람들보다 아주 유리한 위치에서 애널리틱스 프로젝트를 시작하는 것이다.

소규모 기업을 위한
조언

작은 회사를 경영하거나 단독으로 일을 하고 있다면, 완전한 프로젝트팀을 꾸릴 인력 부족 등 주어진 요건이 열악할 것이다. 애널리틱스 프로젝트의 최종 이용자가 겨우 몇 명밖에 안 된다면, 앞서 언급했던 대기업만큼 전문 데이터 엔지니어의 능력에 의지할 필요가 없다. 그리고 보고서와 대시보드를 이용하는 고객의 수가 보고 전문가 채용을 정당화할 정도로 충분하지도 않을 것이다. 그리고 완전한 머신러닝 프로젝트에 할당할 자원도 없을 것이다.

소규모 기업의 프로젝트팀은 최소 기능 제품을 개발하고 마케팅부서에 웹 애널리틱스 책임을 맡긴다. 그리고 비즈니스 애널리틱스와 보고서 작성을 담당할 분석가를 고용하면 된다. 아래는 이 분석가가 갖추어야 할 최소한의 역량이다.

- 통계학에 대하여 기초적인 지식이 있고 수학과 관련한 탄탄한 이력을 보유한다.

- SQL로 작업한 경험을 포함해 데이터베이스 활용 능력을 가지고 있다.
- 그래프와 테이블을 명확하게 작성하고 우수한 의사소통 능력을 가지고 있다.
- 비즈니스 문제를 해결하는 과정에서 기존 방식에 이의를 제기할 수 있다.

일반적으로 기업은 내부 자원만을 활용해서 머신러닝 프로젝트를 시작하지 않는다. 소규모 기업은 작동원리를 이해할 필요 없이 대형 기술회사가 제공하는 기술 서비스를 이용해서 프로젝트를 진행할 수 있다. 기술 서비스에 대해서는 사용한 만큼 비용을 지불하면 된다. 예를 들어 구글 클라우드 비전 API의 이미지와 문자 인식 소프트웨어, 세일즈포스 아인슈타인 그리고 아마존 AI가 있다.

| QR코드 |

10 - 1   10 - 2   10 - 3   10 - 4   10 - 5

| 핵심정리 |

- '데이터 과학자'의 범위가 너무 넓어서 데이터 전문가를 채용하는 데 별 도움이 되지 않는다.
- 빅데이터와 데이터 과학 프로젝트팀은 팀 내부적으로 6~7가지 핵심 역량을 소화해낼 수 있어야 한다.
- 애널리틱스 프로젝트 리더를 채용하는 것은 어렵지만 중요한 일이다.
- 전통적인 채용회사는 애널리틱스팀에 필요한 업무를 맡을 인재를 채용하는 데 전문성이 부족할 수 있다.
- 외부 컨설턴트는 새로운 프로젝트를 시작할 때 매우 유용하지만 그들이 프로젝트를 진행하는 데 필요한 역량을 정말 보유하고 있는지 주의 깊게 확인해야 한다.
- 대기업은 기업 인수를 통해 내부 애널리틱스 인재풀을 확대한다.

| 생각해보기 |

- 이번 장에서 데이터 프로젝트를 진행할 때, 프로젝트팀에 반드시 필요한 7가지 역할을 살펴봤다. (내부 또는 외부) 채용 담당자 중에서 각각의 역할의 요건을 이해하고 있는 사람은 누구인가? 아무도 없다면, 새로운 에이전시와 논의해보는 것이 좋다.
- 데이터와 애널리틱스에 대하여 비전을 가지고 있는 사람 중에서 조직에서 가장 직급이 높은 사람은 누구인가? 많은 기업이 데이터와 애널리틱스 관련 부서에 임원급 리더를 임명하고 있다. 이런 역할이 당신이 속한 조직에 적합한가?
- 애널리틱스 역량을 빨리 강화하기 위해서 작지만 전문화된 기업을 인수하고자 한다면, 어떤 기업을 인수해야 할까? 그 기업의 위치, 크기 그리고 보유 기술 역량에 대해서 생각해보자.

제11장

데이터 거버넌스와
법률 준수

기업이 데이터를 확보하고 통제할 때 주로 아래의 3가지 부분을
걱정한다.

1. 개인 데이터의 올바른 수집과 보호

2. 데이터 거버넌스

3. 기입 소재지의 법과 규정 준수

기업 소재지의 법과 규정을 준수하는 것은 다국적 기업, 특히 유
럽에 진출한 기업에게 가장 골치 아픈 부분이다. 유럽은 2018년 일반
데이터 보호 규정을 발효해 규정을 어기는 기업에게 글로벌 매출액의

4% 또는 2,000만 유로(둘 중 더 큰 액수)의 벌금을 부과한다. EU는 유럽 밖에 본사를 둔 기업이라 할지라도, 상당한 EU 거주자의 데이터를 수집하거나 처리하는 기업은 본 규정을 준수하도록 요구한다.

개인 데이터를 잘못 다루면 벌금 등 법적 처벌을 받을 수 있다. 게다가 대중이 개인 데이터를 부적절하게 다루고 있다고 인식하면, 기업의 이미지에 큰 피해를 입을 수 있다.

개인 데이터

개인 데이터에 대해서 이야기할 때, **개인식별정보**(PII)란 용어가 자주 등장한다. 개인식별정보는 광범위한 개념이다. 여권번호나 운전면허번호처럼 한 개인만 가지는 유일무이한 데이터가 바로 개인식별정보다. 그러나 한 사람의 나이, 인종 또는 건강상태는 개인식별정보에 해당되지 않는다. 일부 국가에서는 브라우저의 IP 주소가 개인식별정보로 취급되기도 한다.

최근 데이터 과학으로 비(非)개인식별정보를 이용해서 개인 신상을 확인할 수 있게 되었다. 이것은 '준식별자'라 불린다. 개인식별정보는 아니지만 개인식별정보의 역할을 할 수 있는 데이터를 말한다. 그러므로 이 준식별자도 보호를 해야 한다. 아래 넷플릭스의 사례를 보면 그 이유를 이해할 수 있을 것이다.

기업은 내부적으로 처리하고 저장하는 모든 개인식별정보와 준식별자를 파악하고 있어야 한다. 내부적으로 정책을 마련하여 개인식별정보와 준식별자에 대한 접근을 모니터하고 통제해야 한다. 이런 데이터를 잘 통제하느냐가 현재 그리고 미래에 정부 규제를 준수할 수 있을지 없을지를 결정할 것이다. 그리고 개인식별정보 처리를 거부하는 서비스업체도 존재한다. 개인식별정보와 준식별자에 대한 접근을 잘 통제하면 이런 업체와 일을 하는 데 도움이 될 것이다.

개인식별정보는 개인정보와 연결되면 아주 민감해진다. 예를 들어 마을 주민들의 이름과 주소가 들어 있는 데이터베이스는 개인식별 정보로 가득하지만, 보통 공공 데이터로 간주된다. 반면 의료기록 데이터베이스는 개인식별정보에 연결될 수 있다. 그러므로 의료기록 데이터베이스는 보호 대상에 들어간다. (건강기록, 인종, 종교 등) 어떤 개인 데이터를 보호해야 하는가는 관할 법에 따라 정해진다. 이런 종류의 법은 관할 지역의 역사적 사건에서 기인하는 경우가 많다.

다음 2가지는 민감한 개인 데이터의 올바른 이용을 위해 집중적으로 관심을 가져야 할 데이터 프라이버시와 데이터 보호이다.

- **데이터 프라이버시**는 수집, 저장 그리고 이용할지도 모르는 데이터와 관련 있는 개념이다. 공공장소에 몰래카메라를 설치하거나 이용자의 동의 없이 온라인 브라우징 활동을 추적하기 위해서 웹 쿠키를 이용하는 것이 적절한지 등을 고민해야 한다.
- **데이터 보호**는 합법적으로 수집하고 저장한 데이터의 보호와 재배포와 관련 있는 개념이다. 유럽 밖에 위치한 데이터 센터에 유럽인들의 개인 데이터를 저장할 수 있는지 등에 대해 고민해 봐야 한다.

사생활 보호법

대기업은 대체로 개인정보를 책임지고 관리하는 담당자를 별도로 지정한다. 그들은 데이터와 애널리틱스 프로젝트 리더와 아주 가까운 관계를 유지해야 한다. 별도의 개인정보 담당자가 없는 기업은 고객층이나 데이터 센터를 보유하고 있는 국가의 사생활과 데이터 보호법에 대해서 조언을 해줄 수 있는 누군가가 필요하다.

　각 국가에는 그 국가 나름의 사생활과 데이터 보호법이 있다. 그 중에서 유럽의 사생활과 데이터 보호법은 특히 엄격하다. EU의 개인정보보호지침(1995)은 EU 내에서 사생활과 데이터 보호에 관한 권고 사항을 제시한다. 2018년 5월 EU 전역에 일반 데이터 보호 규정이 발표되기 전부터 유럽 국가는 각자 나름대로 관련법령을 제정하고 집행했다. EU에 고객이 있다면, 일반 데이터 보호 규정에 대해서 잘 알아야 한다. 그림 11.1을 보면 2017년 1월 이후 구글에서 '일반 데이터 보

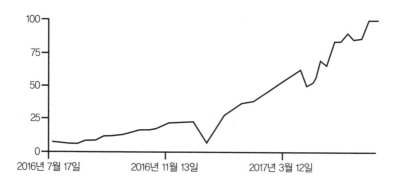

〈그림 11.1〉 전 세계적으로 '개인정보보호규정'에 대한 온라인 검색이 증가했음
*출처: 구글 트렌드(2016년 7월~2017년 6월)

호 규정'이란 용어의 검색이 증가했음을 알 수 있다. 이 규정에 대해 궁금해하고 걱정스러워하는 사람은 당신 혼자가 아니다.

국가의 사생활 보호법에는 상당한 차이가 있다. 이것은 다국적 기업, 특히 데이터 중심의 조직에게 특히 골치 아픈 일이다. 데이터 중심의 기업은 고객을 더 잘 이해하고 상호작용하기 위해 방대한 양의 개인 데이터를 축적하고 활용한다. 지난 몇 년 동안 유럽의 A국가에서는 수집이 허용된 데이터가 바로 인접한 B국가에서는 수집이 금지되는 경우도 많이 있었다. 그리고 유럽의 기준에 준하는 데이터 보호를 제공하는 국가에만 유럽 내에서 수집한 개인 데이터를 전송할 수 있었다.

· 기억해두기 ·

사생활과 데이터 보호법은 국가에 따라 다양하다. 그리고 실제로 그 국가에 물리적으로 존재하지 않더라도 현지 법률의 영향을 받을 수 있다.

2000년 EU와 미국의 세이프 하버 협정 체결로 미국 기업은 EU에서 미국으로 데이터를 전송하려면 특정 데이터 거버넌스 기준을 준수해야 했다. 에드워드 스노든 사건 이후, 미국 기업의 개인 데이터 보호 능력은 의구심에 휩싸였다.

그래서 2015년 10월 6일, 유럽재판소는 '일반적으로 전자 커뮤니케이션의 콘텐츠에 대한 공권력의 접근을 허용하는 법률은 사생활 존중이라는 기본권의 본질을 훼손'한다고 지적하며 유럽연합 집행위원회의 세이프 하버 협정을 무효화했다. 그로부터 9개월 뒤 (2016년 7월)

유럽연합 집행위원회가 승인한 EU-US 프라이버시 실드가 세이프 하버 협정을 대체했다.

미국의 사생활 보호법은 유럽에 비해 덜 엄격하다. 물론 몇몇 예외는 있다. 1980년대 후반 흥미로운 사건이 발생했다. 당시 연방 순회재판 판사 로버트 보크(Robert Bork)가 미국 대법원 판사후보로 지명됐다. 엄격한 헌법주의자였던 로버트 보크는 미국인들은 법이 직접적으로 부여하는 사생활 보호의 권리만을 가진다고 주장했다. 그의 발언을 듣고 한 기자가 워싱턴 D.C.에 있는 비디오 대여점으로 가서 주인에게 로버트 보크의 비디오 대여 기록을 보여 달라고 요청했다. 그는 로버트 보크가 지난 2년 동안 대여한 146개 비디오 리스트를 받아들고 가게를 나왔다. 그리고 그 리스트를 공개했다.[11-1] 놀랍게도 당시에 이 모든 것은 합법이었다. 다행히도 비디오 대여 목록에는 물의를 빚을 만한 비디오 제목은 없었다. 하지만 넋이 나간 채 이 소동을 지켜보던 미국 의회는 신속하게 1988년 '비디오 프라이버시 보호법'을 재정하고 발휘했다. 이로써 비디오 대여 기록은 미국에서 보호대상인 데이터로 분류됐다.

기업은 개인정보식별정보가 아닌 개인 데이터를 부적절하게 다뤄서 법을 위반할 수 있다. 2017년 초, 미국 텔레비전 제조업체 비지오(Visio)는 자사 제품에서 은밀히 (익명화된) TV시청 내역을 기록하고 판매한 이유로 220만 달러의 벌금을 냈다. 사생활 보호법을 어긴 이유로 비지오는 금전상 손해를 입었을 뿐만 아니라 전 세계적으로 대서특필되는 망신을 당했다.[11-2]

데이터 과학과
사생활 폭로

법적 위험과 평판 위험에서 기업을 보호하려면, 데이터와 관련된 법과 규정을 단순히 이해하는 수준을 넘어 정확하게 파악하고 있어야 한다. 그리고 고객이 기업의 데이터 활용방식을 어떻게 인식하고 있는지도 알아야 한다. 데이터 과학이 의도치 않게 데이터와 관련된 법과 규정을 위반하는 경우는 없는지도 의식적으로 확인해야 한다.

　타깃이 임산부를 찾아내 공략하기 위해서 통계모델을 이용했을 때, 개인 데이터를 수집한 것은 아니었다. 그러나 타깃은 높은 정확도로 개인신상정보를 추출해냈다. 법을 어긴 것은 아니었지만, 타깃은 기업의 이미지가 나빠질 위험을 감수했다.

사·례·연·구

 좋은 의도로 시작한 프로젝트 때문에 뜨거운 맛을 본 넷플릭스

데이터 과학이 법적으로 보호받는 데이터의 익명성을 제거할 수 있다는 사실을 몰라 난처한 입장에 처했던 미국의 기업이 있다. 2006년 9년차 비디오 스트리밍 서비스업체 넷플릭스는 대략 600만 명의 가입자를 보유한 대기업으로 성장했다.
넷플릭스는 추천엔진을 개발해서 고객의 참여율을 높였다. 당시 넷플릭스는 추천엔진의 기능을 더욱 향상시킬 방도를 찾고 있었

다. 넷플릭스는 번뜩이는 아이디어로 넷플릭스 프라이즈를 개최했다. 기존 추천엔진의 정확도를 최소 10% 이상 향상시키는 알고리즘을 개발하는 팀에게 우승상금으로 100만 달러를 주는 콘테스트였다.

넷플릭스는 참가팀들에게 그동안 가입자들이 시청한 콘텐츠 목록을 익명 처리해서 제공했다. 여기에 각 콘텐츠에 대한 48만 시청자의 후기도 포함되어 있었다. 비디오 프라이버시 보호법(1988)은 개인정보와 연결된 비디오 대여기록의 공개를 금지했지만, 넷플릭스가 공개한 데이터는 익명 처리되어 있었기 때문에 법적으로 문제가 없었다.

2006년 10월 2일 넷플릭스가 데이터를 공개하자, 상황이 빠르게 전개됐다. 6일 만에 작은 차이나마 넷플릭스의 기존 추천엔진의 정확도를 넘어선 추천 알고리즘을 개발해낸 팀이 등장했다. 그리고 불과 몇 주 만에 텍사스 대학교의 연구팀이 돌파구를 마련했다.

그들은 **연결공격**을 이용하여 익명화된 대여기록의 일부 데이터에서 익명성을 제거했다. 콘텐츠 대여목록에 기재된 익명의 서비스 가입자와 온라인 포럼에서 활동하는 기명의 포럼 참가자들을 하나하나 연결했다. 텍사스 대학교 연구팀은 이 연결공격에서 넷플릭스와 포럼에 공통으로 나타나는 후기 데이터를 활용했다.

넷플릭스 프라이즈는 3년 동안 진행됐다. 그러던 어느 날, 어떤 팀이 추천엔진의 정확도를 10% 개선한 알고리즘으로 우승을 차지했다. 우승자가 나온 지 얼마 지나지 않아, 넷플릭스를 상대로 집단소송이 제기됐다. 사생활 보호법을 위반했다는 이유였다. 넷플릭스는 집단소송을 제기한 사람들과 합의해서 문제를 매듭지었고, 넷플릭스 프라이즈에 이은 콘테스트의 개최를 취소했다.

타깃과 넷플릭스는 흥미로운 사례다. 타깃은 전혀 법을 어기지 않았지만 개인정보의 불투명한 사용으로 이미지에 타격을 입었다. 반면, 넷플릭스는 고객의 이익을 증진하기 위해서 매우 개방적이고 투명하게 프로젝트를 진행하여 정확도가 개선된 추천엔진을 개발할 수 있었다. 그래서 넷플릭스는 평판위험을 피했지만 법적 책임을 져야 했다.

다른 기업 그리고 심지어 정부도 '연결공격'에 희생됐다. 데이터소스가 서로 연결되면서, 공격자는 조직의 사생활 보호정책을 훼손시킬 수 있었다. 데이터와 관련된 프로젝트를 진행하기 위해 익명화된 개인정보를 배포해야 한다면, '차등 사생활 기법'을 활용해보길 바란다. 이것은 데이터를 적법한 응용프로그램에 활용하기 위해서 데이터 정확도를 유지하면서 연결공격으로부터 데이터를 보호한다. 법률이 상대방의 분명한 동의 없이 개인 데이터를 이용하려는 기업의 권리를 갈수록 제한하고 있다. 이런 상황에서, 조직 내부에서 데이터를 이용하는 경우에도 차등 사생활 기법이 필요할 수 있다.

예를 들어 내부에 저장된 고객 행동 데이터에 생각했던 것보다 더 민감한 정보가 숨겨져 있을 수 있다. 미국 국립과학원 회보(PNAS)는 5만 8,000명 지원자의 페이스북의 '좋아요'를 대상으로 조사를 실시했다. 연구진은 페이스북의 '좋아요'를 기준으로 아래의 민감한 개인 특성을 아주 정확하게 찾아내는 모델을 개발했다.

- 성적 성향
- 인종
- 종교관 및 정치관

- 성격적 특성

- 지능

- 행복도

- 약물중독 여부

- 이혼가정

- 연령

- 성별

이 모델은 페이스북의 '좋아요'를 분석해 무려 95%의 정확도로 백인과 흑인을 구분해냈다.[11-3]

여기서 데이터 과학에 가장 근본적인 툴 2가지가 나온다. 바로 데이터소스를 창의적으로 연결하는 툴과 데이터 통찰을 제공하는 알고리즘을 개발하는 툴이다. 그러나 위 사례를 통해 이 두 가지의 기본적인 툴이 무해하게 보이는 데이터에서 민감한 개인정보를 담은 데이터를 찾아 폭로하는 위험을 높일 수 있다는 사실을 알 수 있다. 분석 툴을 이용하면 빅데이터에서 통찰을 끌어내고 숨겨진 패턴을 찾아내는 것이 가능하다. 그러므로 분석 툴 사용시에는 사생활 보호법을 준수하도록 노력하고 분석 툴의 이러한 위험에 주의해야 한다.

데이터 거버넌스

내부 시스템에 존재하는 데이터에 접근하고 활용하기 위해 기업은 내부적으로 데이터 정책을 마련하고 실행해야 한다. 개인정보 책임자와 각 데이터소스 소유자와 협업하여, IT부서의 데이터 거버넌스 담당 직원은 내부 결재 프로세스에 따라 제한 데이터에 대한 접근을 승인 또는 철회한다. 그리고 적법한 데이터를 사용하고 있는지를 확인하기 위해 데이터 사용 일지를 작성하고, 보안 프로토콜에 따라 데이터 관련 정책을 집행한다. 규제분야는 보다 엄격한 요건을 충족해야 할 것이다. 생산 시스템을 활용하는 데이터 과학자는 6겹의 보안정책을 뚫고 소스데이터에 접근해야 할지도 모른다. 이런 경우, 강도 높은 보안 정책과 관련법을 준수하기 위해서 개발된 기업용 빅데이터 프로그램을 선택하는 것이 편할 수 있다.

IT스택에 빅데이터 저장소를 추가하면 개인정보에 대한 접근, 활용 그리고 삭제를 통제하고 관리하는 것이 더욱 어려워질 수 있다. 전통적인 데이터 저장소에는 구조적 형태로 데이터가 저장되고, 각 데이터 포인트는 데이터의 민감성과 지정된 접근권한을 파악하기 위해 평가된다. 반면 빅데이터 저장소에는 비구조적 형태로 데이터가 저장된다['스키마 온 라이트(schema on write)'보다는 '스키마 온 리드'다]. 그래서 민감한 데이터가 존재하는지 즉각 파악할 수 없다.

당신은 잊힐 권리 또는 삭제될 권리를 존중해야 한다. 특히 유럽에서 이 두 권리를 철저히 따라야 한다. 즉 요청이 있다면, 특정 개인의 데이터를 삭제해야만 한다. 빅데이터 저장소, 특히 아직 처리되지 않은 데이터가 담긴 데이터 레이크의 경우, 내부 시스템에서 개인 데이터의 위치를 파악하는 것이 더욱 어렵다.

일반 데이터 보호 규정이 유럽 고객과 관련된 데이터의 이용을 제한할 것이다. 그들의 데이터를 다수의 사업에 활용하려면, 고객의 동의를 얻어야 한다. 이 규정은 데이터 과학과 관련된 프로젝트도 제한할 것이다. 그리고 당신은 설명을 요구할 권리에 의거해 보험 위험도 산출이나 신용 점수 산출 등 고객에게 영향을 미치는 알고리즘에 대해 설명할 책임을 져야 한다. 일반 데이터 보호 규정을 준수하기 위해서 데이터 과학과 관련하여 새로운 데이터에 대한 접근 통제 시스템과 감사 추적 시스템의 도입이 필요할 수도 있다.

여기서는 일반 데이터 보호 규정을 본격적으로 다루지 않을 것이다. 그리고 유럽과 다른 국가에는 우리가 거의 다루지 않은 데이터 관련 규정이 아주 많이 존재한다. 경고하는 데, 나는 변호사가 아니다. 사업체를 운영하고 있는 지역의 데이터 관련법에 대해서 잘 알고 있는 개인정보 전문가에게 연락해보기를 바란다.

> **· 기억해두기 ·**
>
> 데이터를 수집하고 저장하는 권리가 있더라도, 법에 의해 개인 데이터의 활용은 제한된다.

보고 거버넌스

관련법령 준수와 데이터 거버넌스에 이어, 또 다른 종류의 거버넌스 프레임에 대해서 간략하게 살펴보자. 이 거버넌스 프레임을 구축하는 것은 선택 사항이다. 그러나 이 프레임을 구축하면, 조직의 내부 혼란을 줄이고 당신과 동료들의 직장생활을 한결 수월하게 만들 수 있다. 내부적으로 보고 자료와 대시보드를 작성하고 공유하는 방법에 대해서 계층적인 거버넌스 모델을 구축하고 유지해야 한다. 보고 거버넌스 모델의 부재로 대부분의 기업이 엄청난 곤란을 겪는다. 분기별 실적 보고에서 임원은 각 부서가 제출한 보고서를 보면 종종 난감해 한다. 각 부서마다 주요 지표나 개념이 조금씩 다르게 정의되어 있기 때문이다. 그리고 인턴의 분석 보고서가 이메일로 최고 의사결정권자에게까지 보고되고 다른 부서는 주요 의사결정에 이 보고서를 활용하는 경우도 있다.

경험상, 다음과 같이 프레임워크를 구축해두면 향후 발생할 업무적 고통을 예방할 수 있다.

1. 보고 자료와 대시보드에 사용되는 용어의 정의를 통일한다.
2. 신빙성 있고 최신 정보를 담고 있는 보고 자료와 대시보드를 작성한다.

이런 프레임워크를 구축하는 하나의 방법은 보고 자료와 대시보드에 대하여 여러 층의 계층적 인증 표준을 마련하는 것이다. 첫 번째 층은 자가 분석 및 보고 자료 작성이다. 이 단계의 보고 자료는 담당 부서 밖으로 나가서는 안 된다. 비즈니스 가치를 보여주는 이 보고 자료는 내부 승인을 거쳐 두 번째 층으로 올라가는데 이 프로세스 중에 어느 정도의 문서화 작업을 거쳐야하며, 자료는 일관성을 유지해야 한다. 필요에 따라서는 내용을 수정하거나 보완할 수도 있다. 그리고 지정권자의 서명을 받는다. 보고 자료는 두 번째 층에서 업무 수행에 있어 필수적이고 포괄적인 역할을 마친 후 세 번째 층으로 올라간다. 이렇게 여러 층을 거쳐 작성된 보고 자료가 임원진의 책상 위에 놓여 야만, 임원진은 보고 자료에 사용된 전문 용어, 일관성 그리고 정확도를 확신할 수 있다.

· 기억해두기 ·

- 개인식별정보와 준식별자를 파악하고 관리하는 것은 중요하다.
- 내부 데이터의 활용에 관한 거버넌스와 감사 정책을 마련하고 실행해야 한다.
- 사생활과 데이터 거버넌스와 관련된 법은 국가에 따라 완전히 다르고, 해당 국가에 물리적으로 사업장을 운영하지 않더라도 법의 영향을 받을 수 있다.
- 유럽의 일반 데이터 보호 규정은 EU 고객을 보유한 모든 기업에 강력한 영향을 미칠 것이다.
- 연결공격과 고급 분석기법은 개인정보를 보호하려고 노력해도 이를 누출시킬 위험이 있다.
- 내부적으로 보고 자료와 대시보드를 작성하고 배포하는 계층적 시스템을 구축하면 보고에 일관성과 신뢰성이 생길 것이다.

| 생각해보기 |

- 연결공격 등으로부터 내부적으로 개인식별정보를 보호하기 위해 어떤 조치를 취하고 있나? 개인정보와 관련한 현지 법을 반드시 준수해야 하는 것은 물론이고, 설령 합법적이라 할지라도 개인정보의 누출로 사생활 침해를 저질러 조직의 평판을 위험에 빠뜨리지 말아야 한다.

- 유럽에 고객을 두고 있다면, 일반 데이터 보호 규정을 준수하기 위해서 추가적으로 어떤 조치를 취해야 할까? 일반 데이터 보호 규정을 위반하면 글로벌 매출의 4%에 달하는 벌금이 부과된다는 사실을 기억해둬라.

- 회사에 개인정보 담당자가 없다면, 사생활과 데이터 보호법과 관련하여 누구에게 자문을 구할 수 있을까? 다양한 국가의 사생활과 데이터 보호법에 대해 자문을 해주는 글로벌 기업도 있으니 참고하자.

- 중요한 내부보고 자료를 검토할 때 보고 자료에 명확하지 않은 전문용어나 부정확한 데이터가 사용되었던 적이 있는가? 이 문제를 해결하기 위해서 어떠한 조치를 취했나? 이번 장에서 개략적으로 살펴본 내부보고 자료 작성과 관련한 거버넌스 프로그램을 도입하는 것을 고려해보자.

| QR코드 |

11 - 1

11 - 2

11 - 3

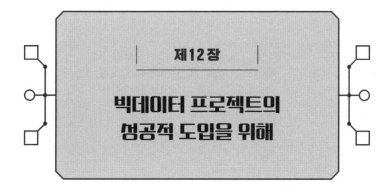

제12장

빅데이터 프로젝트의 성공적 도입을 위해

"내가 잘못 생각했던 것이 바로 이 부분이다. 나는 기술이
전부라고 생각했다. 1만 2,000명의 기술 전문가들을 고용
하고 내부 소프트웨어를 업그레이드하면 모든 것이 끝이라
고 생각했다. 그러나 내 생각은 잘못된 것이었다."

– 제프 이멜트, 제너럴 일렉트릭 전 CEO [12-1]

성공적인 데이터 프로젝트는 엄청난 비즈니스 가치와 과학적 가
치를 가져올 수 있다. 그러나 충분치 않은 준비, 내부저항 또는 미비한
프로그램 관리로 말미암아 많은 데이터 프로젝트가 본격적으로 내부
시스템에 접목되기도 전에 실패한다. 그럼 데이터 프로젝트의 성공 확
률을 높이려면 어떻게 해야 할까? 어떠한 원칙들이 데이터 프로젝트

를 추진할 때 발생하는 비용과 요구되는 노력을 줄이는 데 도움이 될까?

야심찬 빅데이터 프로젝트가 안타깝게 실패했던 사례를 살펴보자. 이 프로젝트는 엄청난 언론의 관심 속에서 시작했지만, 결국 뼈아픈 실패로 남았다.

사·례·연·구

⚙ 6,200만 달러의 실패작

2011년 IBM의 첫 인공지능 프로그램 왓슨이 미국의 유명 게임쇼 제퍼디(Jeopardy)에서 두 명의 인간 경쟁자를 꺾고 우승했다. 그로부터 2년 뒤, IBM은 왓슨을 이용해 보다 참신한 프로젝트에 도전했다. 미국 텍사스 대학교의 MD 앤더슨 암 센터는 왓슨을 이용해 암을 정복하겠다는 야심찬 계획을 밝혔다.

목표는 왓슨으로 환자와 임상시험을 짝지어 치료방법을 보다 신속하게 결정해내는 것이다. 전 세계가 암 치료분야에서 혁신을 목격하게 되리란 기대를 가지고 프로젝트를 지켜봤다. 그러나 2016년 말 6,200만 달러의 자금과 연구진의 시간, 기술 기반시설 그리고 행정지원 등 MD 앤더스 암센터의 막대한 내부 자원이 투입된 이 프로젝트는 결국 실패했다.

이 프로젝트는 굉장히 전망이 밝은 프로젝트도 처참하게 실패할 수 있다는 교훈을 줬다. 이것은 빅데이터나 왓슨의 실패가 아니라, 프로젝트의 미흡한 실행 때문에 프로젝트가 실패했던 것으로 보인다.

텍사스 대학교 감사팀은 서비스 업체와 관련된 다수의 문제를 지적했다. 당초에는 왓슨이 암 센터의 새로운 전자 기록 시스템과 성공적으로 결합하지 못한 것이 원인으로 꼽혔지만, 나중에서야 전문가들은 설령 왓슨이 시스템에 성공적으로 결합되었더라도 이 프로젝트는 실패했을 것이라고 말했다. 왓슨이 학습할 데이터가 전혀 충분하지 않았기 때문이다.

의학 문헌에 누락된 치료방법이 너무 많았고, 기록된 양질의 임상시험이 얼마 없었다. 한 마디로 왓슨이 참고할 만한 의학 자료가 턱없이 부족했다. 이 프로젝트를 시작하게 된 원래 의도는 왓슨이 모든 의학 기사를 분석하여 가장 효과가 있는 치료법을 제안해내는 것이었다. 그러나 현실은 달랐다. 종양학자들은 임상시험에서 효능을 일대일로 비교해본 적 없는 수많은 약물 중 하나를 무작위 선택해서 환자들을 치료했다.

메리 크리스 재클레빅(Mary Chris Jaklevic)은 2016년 왓슨-앤더슨 프로젝트 실패를 보도했던 헬스케어 전문 기자다.

그녀는 프로젝트의 잠재력에 대한 엄청난 관심을 쏟던 언론이 가시적인 결과를 도출하는 데 완전히 실패했다는 사실에 대해서는 잠잠했다고 비판했다. 그녀는 이렇게 빠르게 발전하는 빅데이터와 인공지능 세계에 대해서 우리가 마음에 새겨야 할 말로 기사를 끝맺었다. "…이론과 실행결과의 차이를 지적하는 습관을 키워야 한다." 12-2

프로젝트 실패의 원인

그렇다고 모든 기업이 막대한 자금을 쏟아 부은 프로젝트의 실패로 헤드라인을 장식하지는 않는다. 극소수가 애널리틱스 프로그램에서 돌파구를 마련하는 데 성공한다. 빅데이터 애널리틱스 분야에서 혁신을 달성하는 리더를 대상으로 최근 진행된 조사에서 응답자의 3/4가 빅데이터 프로젝트 덕분에 1% 남짓의 매출 상승 또는 비용 감소를 목격했다고 답했다.[12-3] 다른 조사에서는 오직 29%만이 빅데이터 프로젝트를 성공한 경험이 있다고 응답했다.[1]

《하버드 비즈니스 리뷰》는 최근 머신러닝에 관심이 아주 많은 150명의 사람들을 모아놓고 강연을 한 MIT 연구원에 대한 이야기를 소개했다. 이 연구원은 '머신러닝 모델을 구축해본 적 있으신 분은 손을 들어주세요?'라는 질문으로 강연을 시작했다. 이 질문에 대략 참석자의 1/3이 손을 들었다. 이어서 그는 '그럼 이 중에서 그 모델을 배포하거나 사용해서 가치를 창출하고 그 결과를 평가한 사람이 있나요?'라고 후속질문을 던졌다. 이 질문에서 전부 손을 내렸다.[12-4]

이와 관련해 동료들과 나눈 대화 및 내 경험을 바탕으로 생각해 보면, 많은 기업이 때로는 과감한 조치를 취해 데이터와 애널리틱스에서 새로운 가치를 찾아낸다. 하지만 이 가치가 실질적인 이득으로 직결되는 것은 아니다. 물론 당면 문제가 어려워 실질적인 혜택으로 이어지지 못하는 경우도 있다.

그러나 팀 구성원, 프로젝트 관리 또는 조직의 다이내믹과 관련된 문제 때문에 프로젝트가 실패하는 경우가 더 많다. 그럼에도 불구하고 여전히 애널리틱스 프로젝트에 착수해 상당한 이득을 보는 기업

---

1   Capgemini 저(2015) Big & Fast Data: The Rise of Insight-Driven for Business, Capgemini, London.

은 분명히 존재한다.

그렇다면 빅데이터와 데이터 과학 프로젝트의 성공 확률을 높일 수 있는 방법에는 어떤 것이 있을까?

아래의 몇 가지 원리를 들여다보자.

데이터 중심의 비즈니스를 구축하라

○ 당신의 비즈니스에 끊임없이 질문을 던져라

'어떤 고객층이나 제품군이 매출 상위 20%를 차지하나?'와 같은 간단한 질문도 좋다.

그리고 '무엇이 고객에게 구매하고자 하는 동기를 부여하는가?' 라든지 '여러 채널에 걸쳐 연속적으로 나타나는 고객 행동 중에서 귀중한 고객을 곧 잃을 수 있다는 가장 강력한 신호에 해당하는 행동은 무엇인가?'와 같은 보다 섬세한 질문도 던질 수 있어야 한다.

이런 질문이 수백 가지가 나올 것이다. 현재 비즈니스에 가장 중요하다고 판단되는 질문을 찾고 그에 대한 답을 생각해보아라.

○ 기본 가정에 이의를 제기하라

특히 현재 진행 중인 비즈니스에 아주 익숙할 때, 그와 관련한 기본 가정에 이의를 제기해봐야 한다.

동료들이 당신의 (뻔한) 질문에 대답할 때, 그 대답을 뒷받침할 데이터도 제시할 것을 요구해라. 켈리 레너드(Kelly Leonard)와 톰 요튼(Tom Yorton)은 자신들이 50년 동안 경영해왔던 극장에 대한 막연한 가정이 아주 작은 데이터로 인해 박살나버린 경험을 저서 『맞아요, 그리고(Yes, And)』[2]에서 술회했다. 한 외부인이 이 두 사람에게 사람들이 극장을 찾는 이유가 무엇이라 생각하는지 물었다. 그들은 이 질문을 받자마자 상영 중인 영화를 보기 위해 사람들이 극장을 찾는 것이라고 답했다. 답을 들은 질문자는 극장을 찾는 사람들을 대상으로 조사를 했고 사람들이 아주 다양한 이유로 극장에 온다는 사실을 알아냈다. 사람들은 실제로 극장을 특별한 날을 기념하기 위한 장소로 활용하고 있었다. 생일이나 업무 성과를 축하하거나 멀리서 온 손님을 대접하기 위해서 극장을 찾는 사람들도 있었고, 공짜표를 구했거나 자선행사에서 영화표를 구매했기 때문에 극장을 찾은 사람들도 있었다. 켈리 레너드와 톰 요튼이 예상했던 답처럼 그날 밤에 상영하는 영화를 보러 온다고 답한 사람은 단 한 명도 없었다. 노련한 경영진은 사람들이 극장을 찾는 이유에 대해 아주 확신했지만 그들의 가정은 완전히 틀린 것이었다.

○ 핵심성과지표를 만들고 모니터하라

점수를 매기지 않으면, 그것은 단지 연습일 뿐이다. 매출과 같은 뻔한 핵심성과지표를 모니터하지 말라. 마이크로 컨버전율, 매크

---

2   Leonard, K. and Yorton, T. 저(2015) Yes And: How Improvisation Reverses
    "No, But" Thinking and Improves Creativity and Collaboration‑Lessons
    from The Second City. HarperBusiness, New York, p. 174.

로 컨버전율 그리고 고객 이탈률을 추적 관찰하고, 고객 활동에서 얻을 수 있는 선행지표를 추적하라. 팀이 개선할 수 있는 핵심 성과지표를 팀원들이 볼 수 있는 곳에 붙여두자. 목표를 정하고 달성한 목표를 축하하라. 여기에 로켓 과학처럼 복잡하고 어려운 지식이 요구되지 않는다.

○ 새로운 아이디어를 얻어라

사람들이 이직하거나 업계 행사에 참여하면서, 새로운 기술은 업계 전반으로 빠르게 확산된다. 다른 사람들보다 앞서나가기 위해서는 다른 업계의 동향에도 관심을 가져야 한다. 예를 들어, 금융업에 종사하는 사람은 전자상거래의 동향을 주의 깊게 관찰하고, 전자상거래 종사자는 물류업체의 동향을 관심 있게 지켜보는 식이다. 그러니 업계 콘퍼런스에 참여해 신기술 활용사례에 대해 벤더와 분석가의 이야기를 들어봐라.

○ 데이터를 체계적으로 정리하라

위의 조언을 따르다 보면, 내부 데이터 시스템의 상태 때문에 좌절하는 순간이 반드시 생긴다. 내부 데이터를 분석해서 유용한 통찰을 얻도록 방향을 잡아주고 도움을 줄 수 있는 사람을 고용해 프로젝트에 참여시켜라. BI 툴, 특히 직접 데이터를 찾고 간단한 수준의 분석을 돕는 셀프 서비스 툴을 이용해 전 직원을 대상으로 데이터 교육을 실시하라. 데이터를 선별해 하나의 저장소에서 중앙 데이터웨어하우스로 이동시켜라.

적임자를 프로젝트에 개입시켜라

데이터 과학을 비즈니스에 접목시키는 방법을 알고 있는 사람들을 프로젝트에 참여시켜야 한다. 데이터 과학자를 고용하고 회사에서 데이터를 기반으로 업무를 처리하는 사람들을 모아라. 직급이 높은 사람들을 프로젝트에 참여시킬 수 있다면 금상첨화다. 승인 권한이 높은 사람이 프로젝트에 참여하면, 애널리틱스 프로젝트를 추진하면서 필요한 자금과 지원을 확보하기가 훨씬 쉬워진다. 그리고 전체 조직이 이 프로젝트의 비전을 금방 파악하게 될 것이다. 최근 업계 조사에 나왔듯이, 최상위 승인권자가 데이터 프로젝트에 참여하는 것은 상대적으로 드문 일이다. 회사의 애널리틱스 프로젝트를 진두지휘하고 있냐는 물음에 '그렇다'라고 대답한 CEO는 38%였다. 그러나 임원급 직원들에게 같은 질문을 했을 때, 오직 9%만이 CEO가 '실제로' 애널리틱스 프로젝트를 이끈다고 답했다.[12-5]

애널리틱스 프로젝트는 자주 내부 결함을 드러낸다. 이렇게 드러난 내부 결함 중 일부는 직접적으로 강력한 권한을 지닌 사람과 관련이 있다. 애널리틱스 프로젝트에 대한 내부저항도 예상하고 있어야 한다. 때때로 모호한 비난이나 동료의 비협조적인 태도를 마주하게 될 것이다. 자신들에게 잘못이 있음을 드러내는 분석결과가 공개된 후에 대체로 애널리틱스 프로젝트에 대해 이런 부정적인 반응이 나온다.

데이터에 기반한 접근법은 조직 전반에 걸쳐 직원 채용과 훈런(교육)에 영향을 준다. 데이터와 애널리틱스팀에만 영향이 미치는 것이 아니다. 제너럴 일렉트릭의 사례를 생각해보자. 제너럴 일렉트릭은 2010년 초반에 주요 디지털 이니셔티브에 착수했다. 데이터 과학과 관련된 기업을 인수하고 데이터 과학과 관련된 수천 명의 인재를 채용했다. 최근 인터뷰에서[12-6] 제너럴 일렉트릭 전 CEO 제프 이멜트는 여기서 얻었던 몇 가지 교훈에 대해서 이야기했다. 그는 데이터 과학과 관련된 업무를 맡을 직원뿐만 아니라 새로운 제품을 관리할 수천 명의 매니저와 그 외 다양한 상업적 업무를 맡을 인재를 어떻게 채용했는지 설명했다. 이 혁신의 영향력은 현장지원에 국한되지 않고 판매 부서에까지 미쳤다.

> **· 기억해두기 ·**
>
> 데이터를 기반으로 한 조직으로 탈바꿈하려면, 조직 전반에 걸쳐 변화가 있어야 한다. 단순히 데이터와 애널리틱스팀을 만드는 것으로 부족하다.

나는 신조어 '데이터 과학자'라 불리는 사람들을 고용해 데이터 과학 프로젝트를 시작하는 기업을 많이 봤다. 가시적인 이득을 얻을 수 있기를 바라며 대부분의 기업은 이들을 자유롭게 풀어주고 조직 안에서 자신만의 방식을 찾아 프로젝트를 진행하도록 했다. 이것은 추천할 만한 방식이 아니다. 프로젝트는 꼼꼼하게 선정한 팀원들로 구성된 프로젝트팀에서 진행되어야 한다. 팀원들은 상호 보완적인 역량을 보유하고 궁극적으로 프로젝트 산출물의 쓰임새와 이해관계자들을 잘 이해하고 있어야 한다. 그리고 프로젝트의 이해관계자들은 지속적으로 프로젝트팀에 비즈니스와 관련된 조언을 해줘야 한다. 성숙한 조직에서는 이 모든 일이 자연스럽게 진행된다. 그러나 실제로 그런 경우는 많지 않다.

프로젝트팀의 팀원을 모집하고 프로젝트의 니즈를 맞추기 위해 같은 벤더를 계속 사용하지 말라. 아직 사용해보지 않은 보다 새롭고 규모가 작은 벤더를 이용해봐라. 새로운 프로젝트는 작게 시작해야 한다. 그러니 유능하고 창의적인 전문가를 소수정예로 두고 있는 작은 회사와 일을 시작해라. 대규모 서비스업체가 모든 프로젝트에 최고급 인력을 지원해줄 수 있다고 절대 기대하지 마라. 그리고 업데이트한 직책이 업데이트된 역량을 반영하리란 기대도 하지 마라. 처참히 실패한 왓슨-앤더슨 프로젝트에서 드러난 여러 문제점들 중에는 벤더를 꼼꼼하게 선정하지 않은 탓도 있었다.[3]

애널리틱스 프로젝트가 무르익으면, 프로젝트팀은 중앙에서 관리하는 여러 팀과 사업부서에 배정된 분석가들로 구성된 하이브리드 조직으로 성장할 것이다. 중앙 집중화된 팀에는 BI팀 그리고 애널리틱스 전문가로 구성된 다수의 팀이 포함된다. 여러 사업부서에 분산된 분석가들 중 일부는 원래 데이터 애널

---

3 UTMDACC Special Review of Procurement Procedures Related to Oncology Expert Advisor Project Report(2016년 11월). The University of Texas System Audit Office.

리틱스와 관련 없는 업무로 해당 사업부에 배정되었지만, 서서히 데이터 분석 업무를 담당하게 된 경우다. 데이터 활용분야에서 조직 전반에 걸쳐 혁신을 도모하고 있으므로, 이런 직원들이 효율적으로 데이터를 회수하고 프로젝트와 관련된 질문을 던지고 기본적인 분석을 수행하고 명확하게 결과를 전달할 수 있다면, 그들이 애널리틱스 업무를 계속 맡아서 하도록 두는 것이 좋다. 그렇지 않다면, 손실을 줄이기 위해 그들을 보다 능숙하게 데이터 애널리틱스 업무를 처리할 수 있는 직원으로 대체해라.

비전, 로드맵, 팀을 구성할 능력이 있는 애널리틱스 프로젝트 팀의 리더를 찾아라. 일반적으로 조직은 분석가를 채용하거나 사업부서별로 애널리틱스 업무 담당자를 지정함으로써 데이터를 기반으로 한 조직으로 자생 및 성장해 나간다. 그러나 이런 성장은 엑셀 스프레드시트 수준의 애널리틱스에 한정되어 있다. 제대로 된 성장을 이루려면 상위 직급에서 애널리틱스팀을 이끌 리더를 뽑고 강력한 애널리틱스팀을 꾸려야 한다. 이 팀에게는 필요 자원과 데이터를 수집하고 모델을 구축할 수 있는 유연성뿐만 아니라 애널리틱스 프로젝트의 이해관계자와 핵심 의사결정권자에 대한 접근성도 확보해줘야 한다.

이런 팀은 일반적으로 중앙 집중화되어 있다. 이런 프로젝트 팀 없이 최고의 애널리틱스 인재를 채용하는 데는 한계가 있다. 인재를 확보했더라도 다른 '시급한' 비즈니스 문제를 해결하느라 장기적으로 애널리틱스 프로젝트에 집중하지 못할 수 있다. 게다가 추천엔진, 자연어 처리, 고급 고객 분류화, 딥러닝 모델 등 효과적으로 배포된 분석모델은 전문가들로 구성된 중앙 집중화된 팀과의 시너지가 필요하다.

데이터 사일로를 부숴라

데이터 사일로는 데이터에서 최대한의 가치를 끌어내는 데 방해가 된다. (특히 기업 인수 이후에) 개별 부서나 사업 부문별로 고립되어 활용되는 사일로된 데이터를 통합하려면, 대규모의 이해관계자 관리와 상당한 기술 자원이 필요할 것이다. 사업부서는 내부 데이터 관리가 불가능하다면 최소한 IT 자원이라도 보호하려는 경향이 있다. 이 난관을 극복하는 방법은 조직이 어떻게 움직이느냐에 달려 있다. 여기에는 임원급 인사의 지원이 많은 도움이 된다.

비즈니스 가치에 집중하라

데이터 과학자들이 비즈니스 가치를 제공하는 데 집중할 수 있도록 하는 것은 매우 중요하다. 고객, 상품 그리고 시장을 깊이 이해하고 있는 비기술직 직원들이 있을 것이다. 데이터 과학자들은 애널리틱스 프로젝트의 초기 난계에서 그 직원들과 소통할 필요가 있다. 이 비기술직 직원들에게 데이터와 애널리틱스의 중간 결과를 정기적으로 보여줘야 한다. 이렇게 하면 비기술직 직원들은 재빨리 가정 오류나 데이터의 해석 오류를 찾아낼 것이다. 몇몇 경우에는 분석모델을 구축하는 데 그들이 값진 지원을 해줄 수 있다.

결과를 평가하라

앞서 조직 안에서 핵심성과지표를 적극 활용할 것을 제안했다. 이것은 데이터 과학에도 해당된다. 프로젝트 실행 이유나 프로젝트 성공 후의 모습을 상정하지도 않은 상황에서 절대 데이터 과학 프로젝트를 시작하지 마라. 컨버전율을 높이고 싶은가? 아니면 마케팅 투자수익률 또는 시장 점유율이나 고객 생애 가치를 높일 방법을 찾고 있나? 시작점을 평가하고 목표를 정하고 그에 따른 이익증가분을 추정해라. 이렇게 하면, 연말에 애널리틱스 프로그램의 투자수익률이 나올 것이다.

민첩하라

민첩함을 유지해야 한다. 최소 기능 제품으로 시작해서 짧은 전달 주기로 작업해라. 학교에서 배운 내용과 다르다고 느껴질 수 있겠지만 눈앞의 100% 해결책보다, 불완전한 해결책을 얻기 위해 적극적으로 움직일 필요가 있다. 샘플 데이터를 분석하는 것에서부터 출발하라. 처음부터 모든 데이터를 수집하고 정제하려 한다면, 최소 기능 제품은 더 이상 무의미해지고 프로젝트 접근법에 있어 보이지 않는 위험이나 허점을 발견하는데 몇 주 또는 몇 달을 허비할 수 있다. 의사결정나무, 통계적 회귀분석과 나이브 베이즈 등 간단한 모델로 시작하라. 시연할 수 있는 비즈니스 가치를 지닌 응용프로그램을 발견했다면 모델을 개선해라.

전문가는 가능한 한 전문적 문제를 집중적으로 처리하도록 해야 한다. 통계학자와 인공지능 전문가에게 데이터를 추출하고 정제해달라고 요청하지 마라. 이 업무에 전문성을 보유한 사람을 찾아라.

데이터 과학자들이 쓸데없이 시간을 낭비하도록 만들어서는 안 된다. 되도록 기존의 분석 툴과 소프트웨어를 사용하도록 해라. 당신의 특정 니즈에 맞춘 기능이 필요하다거나, 자체적으로 분석 툴을 개발하는 것이 비용상 더 효율적이지 않다면 그냥 아마존, 구글 또는 세일즈포스 등이 제공하는 유료 인공지능 툴을 적극 활용해라. 대신 기존 툴을 기업에 적합하게 조정하려고 내부적으로 노력해라.

결론

오늘날 이용할 수 있는 데이터의 양과 유형은 엄청난 기회를 제공한다. 이 자원의 활용법을 알면, 예상했던 것보다 더 다양한 방법으로 전략, 전술, 운영방식 등을 개선할 수 있다. 데이터를 질 사용하면 가치 있는 통찰을 얻고 핵심성과지표를 높이고 비용을 줄이고 궁극적으로 고객 경험을 개선할 수 있다. 이것들을 가능하게 하는 핵심기술들은 이미 나와 있다. 그리고 많은 사람들이 산업을 경쟁자로부터 보호하기 위해 정해놓은 경계를 넘어 데이터를 활용하고 수많은 미지 영역을 개척해나가고 있다. 이 개척자들의 발자취를 잘 따라가기만 해도 된다. 마지막으로 빅데이터 활용이라는 머나먼 여정을 성공적으로 마무리하기를 바란다!

- 많은 애널리틱스 프로젝트는 프로그램 관리가 미흡하거나 프로젝트 범위를 적절하게 설정하지 못해서 실패하거나 거의 가치를 창출해내지 못 한다.
- 사업부서 등 애널리틱스 프로젝트의 이해관계자들의 피드백 루프를 짧게 유지하고 명확한 핵심성과지표를 측정하는 것이 아주 중요하다.
- 쌓여있기만 한 데이터와 내부저항은 프로젝트에 방해가 된다.
- 애널리틱스 프로젝트는 고위급의 지지가 없으면 실패할 수밖에 없다. 그러므로 상당한 의사결정권한이 있는 사람이 애널리틱스 프로젝트를 이끌도록 해야 한다.
- 기존 기술을 적극 활용한다. 그러나 쉽게 구입해서 활용할 수 있는 기술이 완전한 설루션을 제공하리라고는 기대하지 마라.

| 생각해보기 |

- 회사에서 누군가 자신의 '직감'만 가지고 의사결정을 내리는 사람이 있는가? 이 사람의 의견에 이의를 제기하는 사람이 있나?
- 애널리틱스 프로젝트 중에서 핵심성과지표가 확실하고 목표치를 평가할 수 있는 프로젝트는 무엇인가? 점수를 매기지 않으면, 지금 하는 그 일은 연습에 불과하다. 이 점을 명심하기를 바란다.
- 다른 데이터 시스템에 중복 데이터를 보관하고 있다면, 그 중복 데이터가 일관성이 있다고 어떻게 보장할 것인가? 소스 시스템에서 복사된 데이터는 금방 예전 버전이 되거나 오염될 수 있고, 프로젝트 결과를 보고하는 과정에서 엄청난 혼란을 야기할 수 있다.
- 조직에서 사일로 데이터 센터에 내버려둘 데이터와 중앙 데이터 저장소에 보낼 데이터를 누가 결정하는가? 데이터 최고 책임자 또는 기준

정보관리 분야에 전문가가 있는가?

• 데이터와 애널리틱스 분야가 발전하는 모습을 어떻게 모니터하고 있는가? 활용할 수 있는 신기술 또는 경쟁업체에 경쟁우위가 된 새로운 기술 등도 모니터하고 있는가? 스트라타 데이터 콘퍼런스, 가트너 데이터 앤드 애널리틱스 콘퍼런스 등 주요 애널리틱스 콘퍼런스에 참여하는 것도 최신 동향을 모니터하는 데 좋은 방법이 된다.

| QR코드 |

12 - 1

12 - 2

12 - 3

12 - 4

12 - 5

감사의 글

편집 방향을 잘 잡아준 피어슨의 엘로이즈 쿡, 초고에 대해 아낌없는 조언을 해준 유리 웨이스 그리고 전반부 내용에 대해 도움을 준 맷 가드너에게 감사의 마음을 전한다. 감수와 충고를 주신 아버지에게도 감사드린다. 이들이 이렇게 노력해 주었는데도 책에 오류가 있다면 전적으로 나의 잘못임을 밝힌다.

용어해설

- **A/B 테스트(A/B testing)** 실전에 투입했을 때 어느 버전이 가장 효과적인지를 테스트하는 방법으로 분할 테스트(Split test)라고도 불린다. 고객을 무작위로 그룹으로 나눠 (웹사이트의 구성요소 등) 그들에게 다른 버전을 보여준다. 테스트가 끝날 무렵, 테스트 결과를 분석하여 상대적으로 하나 이상의 매트릭스에서 가장 우수한 성과를 냈는지 살펴본다.

- **ETL** 추출(Extract), 변환(Transform), 적재(Load)를 의미한다. 데이터가 소스 시스템에서 데이터 웨어하우스로 이동하는 단계로 ELT 순서로 실행되는 경우도 있다.

- **noSQL 데이터베이스(noSQL databases)** 테이블 형식이 아닌 데이터의 저장과 처리를 가능하게 하는 데이터베이스

- **RAM(Random Access Memory)** 이전 메모리를 불러내지 않고도 접근할 수 있는 컴퓨터 메모리

- **RASC** 프로젝트를 수행하는 데 필요한 역할을 정의하는 프레임워크로 책임(Responsible), 승인(Authorizing), 지원(Supporting), 상담(Consulting), 정보제공(Informed individuals)으로 나뉜다.

- **REST(Representational State Transfer) 서비스** 웹을 통해 분산된 컴퓨터에 정보를 전달하는 간단하고 명확한 컴퓨터 아키텍처

- **TPU(Tensor processing unit)** 머신러닝을 위해 구글이 개발한 특수 집적회로

- XML(eXtensible Markup Language) 표준 사양에 의해 정의된 대로 기계와 인간이 모두 읽을 수 있도록 문서에 데이터를 부호화하는 형식

- 가트너(Gartner) 미국의 IT분야 시장조사기관

- 가트너 매직 쿼드런트(Gartner Magic Quadrants) 다양한 기술 분야의 벤더들을 비교하는 분석 보고서로 매년 업데이트된다.

- 가트너 하이퍼 사이클(Gartner Hype Cycle) 다양한 기술의 성숙도와 도입 시기를 보여주기 위해서 가트너가 개발한 그래픽 도식

- 개인식별정보(Personally identifiable information, PII) 여권번호처럼 한 개인만이 가지는 고유한 정보

- 고(碁) 바둑의 일본어 명칭. 두 사람이 하는 중국의 보드게임으로 자신의 돌을 가지고 가장 많은 영역을 차지하는 사람이 승리한다.

- 공공 클라우드(Public clouds) 제3자가 유지관리하고 가입자만이 이용할 수 있는 기술 클라우드

- 교차검증(Cross-validation) 분석모형의 검증 방법으로 테스트 데이터를 반복적으로 분할하고 데이터의 일부에서 모델을 훈련시킨 뒤에 나머지 데이터에서 그 모델의 효과를 테스트한다.

- 군집화(Clustering) 유사한 속성을 기준으로 데이터를 그룹(클러스터)으로 묶는 분석기법

- 그래픽 처리 장치(Graphical Processing Unit, GPU) 컴퓨터 그래픽이나 이미지 프로세싱을 전문적으로 처리하기 위해 설계된 전자 회로

- 기가바이트(Gigabyte, GB) 10 바이트 또는 1,000킬로바이트

- 기술 스택(Technology stack) 상호작용하면서 완전한 기술 솔루션을 설계

하는 소프트웨어 구성요소의 집합체

- **다크 데이터(Dark data)** 정상적인 컴퓨터 네트워크에 의해 생성되나 일반
적으로 분석되지 않은 채 저장된 데이터를 지칭하는 용어

- **대량 병렬처리 데이터베이스(Massively parallel processing database)**
여러 서버나 노드에 걸쳐 데이터를 분산하여 저장하는 데이터베이스로 네트워크
를 통해 서로 커뮤니케이션을 하지만 메모리나 프로세서를 보유하지는 않는다.

- **데이터 과학(Data science)** 몇 가지 데이터 소스를 활용하는 분석기법을
적용하는 방법론이다. 일반적이지 않은 방식으로 접근하여 비즈니스 가치를
창출하는 창의적인 데이터 활용을 의미한다.

- **데이터 레이크(Data lakes)** 수집할 당시 최종 이용자가 누가 될지 알 수 없
는 미가공 데이터를 저장하기 위해 설계된 빅데이터 저장시스템

- **데이터 웨어하우스(Data warehouses)** 시스템 운영보다 분석과 보고를
용이하게 만들기 위해 조직된 데이터베이스

- **동시 실행(Concurrency)** 소프트웨어의 지속 가능성을 평가할 때, 동시 실
행은 동시에 소프트웨어를 실행할 수 있는 이용자의 수를 의미한다.

- **딥러닝(Deep learning)** 수많은 보이지 않은 층으로 이루어진 인공신경망
의 활용(주로 수십 개 또는 수백 개의 층으로 이루어짐)

- **람다 아키텍처(Lambda architecture)** 고속 데이터 처리와 정확한 데이터
저장의 균형을 맞추기 위해 설계된 데이터 프로세싱 아키텍처

- **마이크로 컨버전(Micro-conversions)** 최종 목표점을 향해 나아가는 사건
들로 마이크로 컨버전 자체가 상당히 중요한 의미를 지니는 것은 아니다.

- **맵리듀스(MapReduce)** 컴퓨터 클러스터에 대용량 데이터를 분산하여 처
리하기 위한 프로그래밍 모델로 하둡에서 사용된다.

- **머신러닝(Machine Learning, ML)** 인공지능 프로그램이 학습 데이터를 지속적으로 학습하여 스스로 성능을 향상시키는 프로세스

- **모델(Model)** 분석모형 참조

- **모델 학습(Model training)** 이용 가능한 데이터에 대한 모형의 적합도를 향상시키기 위해 모형 매개변수를 조정하는 쌍방향 프로세스

- **몬테카를로 시뮬레이션(Monte Carlo simulations)** 프로세스를 통제할 것으로 추정되는 분포에 무작위로 숫자를 반복적으로 입력하고 그 결과를 분석하는 실험

- **반구조적 데이터(Semi-structured data)** 시간과 장소 필드를 자유 텍스트 데이터에 추가하는 것처럼 몇 가지 구조적 데이터 필드가 포함된 비구조적 데이터

- **배치 작업(Batch job)** 지속적으로 수행되는 것이 아니라 데이터 전송이나 연산처럼 주기적으로 정해진 간격에 따라(주로 매일) 수행되는 컴퓨터 작업

- **배치 프로세싱(Batch processing)** 연이은 배치 작업의 연속으로 실행되는 프로세스

- **버전 관리 시스템(Version control system, VCS)** 문서뿐만 아니라 코드의 변화를 관리하고 보관하는 소프트웨어 툴

- **분석모델(Analytic model)** 관심의 대상이 되는 현상의 근사치를 계산해내는 하나 이상의 수학 공식

- **분할 테스트(Split testing)** A/B 테스트 참조

- **블랙박스모델(Black-box model)** 내부 프로세스를 설명하거나 이해하는 것이 어려운 분석모형

- **비구조적 데이터(Unstructured data)** 자유 텍스트나 비디오처럼 미리 정의된 데이터 필드로 구분되지 않은 데이터

- **비즈니스 인텔리전스(Business Intelligence, BI)** 보고와 분석에 특화된 데이터를 전송하고 저장하고 발표하는 작업을 처리하는 기술 분야

- **빅데이터 생태계(Big data ecosystem)** 빅데이터의 저장, 전송 그리고 처리를 위해 개발된 기술

- **빔(Apache Beam)** 배치와 스트리밍 모드에서 데이터 이동을 처리하기 위해 설계된 오픈소스 프로그램

- **사물인터넷(Internet of Things, IoT)** 각종 사물에 센서와 무선 통신 기능을 내장해 인터넷에 연결하고 데이터를 주고받아 스스로 분석하고 학습한 정보를 사용자에게 제공하거나 사용자가 이를 원격으로 조정할 수 있는 인공지능 기술

- **사설 클라우드(Private clouds)** 단일 조직이 유지관리하고 이용하는 기술 클라우드

- **서비스로서의 소프트웨어(Software as a Service, SaaS)** 가입자에게 제공되는 소프트웨어 서비스

- **서비스로서의 인프라스트럭처(Infrastructure as a Service, IaaS)** 컴퓨터 서버 공간, 네트워크 및 부하 분산 장치 등 IT 기반시설 임대 서비스

- **서비스로서의 플랫폼(Platform as a Service, PaaS)** 컴퓨터 하드웨어상에서 구동되고 소프트웨어 응용프로그램을 지원하는 미들웨어를 구축하고 유지하는 클라우드 서비스

- **설비투자(CapEx)** 자본 지출. 내구재나 장기간 사용될 소프트웨어 개발 등 장기간에 걸쳐 수익(혜택)이 발생하는 투자. 운영비용(OpEx) 참조

- 세이프 하버 판결(Safe Harbour Decision) 특정 데이터 거버넌스 기준을 준수하는 미국 기업은 EU에서 미국으로 데이터를 전송할 수 있도록 허용하는 2000년 유럽연합 집행위원회의 판결이다. 2015년 10월 6일 유럽재판소는 유럽연합 집행위원회의 세이프 하버 판결을 무효화했다. 세이프 하버 판결이 무효화되고 9개월 뒤, 유럽연합 집행위원회는 EU–US 프라이버시 실드(Privacy Shield)를 승인했다(2016년 7월).

- 세일즈포스(Salesforce) 고객 데이터를 유지, 관리하고 영업활동을 지원하는 대중적인 클라우드 기반 소프트웨어(salesforce.com)

- 셀프서비스 애널리틱스(Self-service analytics) 최종 이용자가 데이터, 툴 그리고 피벗 테이블과 피벗 차트로 기초 분석을 직접 실행하는 프로그램

- 소프트웨어 프레임워크(Software framework) 확장성이 있는 낮은 단계의 일반적인 기능을 제공하는 소프트웨어로 보다 전문화된 소프트웨어로 업그레이드 가능

- (아파치) 솔라(Solr) 오픈소스 자립형 전 텍스트 검색 플랫폼으로 텍스트 검색을 관리하는 기업이 주로 사용

- (아파치) 스파크(Spark) RAM에서 분산 계산을 수행하는 컴퓨팅 프레임워크. 여러 응용프로그램에서 하둡의 맵리듀스를 대체했다.

- 신경망(Neural networks) 인공 신경망 참조

- 아파치 소프트웨어 재단(Apache Software Foundation) 오픈소스를 지지하는 소프드웨어 개발자들로 구성된 미국의 비영리 조직이다. 빅데이터 생태계에서 활용되는 소프트웨어의 대부분이 이 재단에서 개발된다.

- 알고리즘(Algorithm) 결과에 도달하기 위해 수행되는 작업의 순서

- 앙상블(Ensemble) 독립된 결과를 도출해내는 분석모형의 집합을 지칭하는 용어다. 독립된 결과들이 적절하게 어우러져 단일 결과를 도출해낸다.

- **엑사바이트(Exabyte)** 10 바이트 또는 1,000페타바이트

- **엘라스틱 서치(Elastic Search)** 기능적으로 아파치 솔라와 유사한 널리 사용되는 기업 검색 플랫폼

- **연결공격(Linkage attack)** 개인 데이터를 PII에 연결하여 익명성을 제거하려는 시도

- **요타바이트(Yottabyte)** 10 바이트 또는 1,000제타바이트

- **운영비(OpEx)** 운영비용으로 비즈니스를 하면서 지속적으로 발생하는 비용. 설비투자 참조

- **인공신경망(Artificial neutral networks, ANN)** 복잡한 아키텍처에 연결된 기본 노드로 구성된 네트워크를 훈련시켜 과제를 학습하는 분석모형

- **인공지능(Artificial Intelligence, AI)** 환경에 지능적으로 반응할 수 있는 기계의 총칭

- **일반 데이터 보호 규정(General Data Protection Regulation, GDPR)** 사생활, 데이터 보호 그리고 데이터의 공정한 사용과 관련된 포괄적인 EU 규정으로 2018년 5월에 발효되었다.

- **자바스크립트(JavaScript)** 웹브라우저 제이슨에서 주로 사용되는 고급 프로그래밍 언어로 사람이 읽을 수 있는 일반적인 저장 형식이다.

- **전문가 시스템(Expert system)** 인간 전문가의 의사결정능력을 모방하는 인공지능으로 일반적으로 사실과 규칙을 학습하고 추론해낸다.

- **제타바이트(Zettabyte)** 10 바이트 또는 1,000엑사바이트

- **주성분 분석(Principal component analysis)** 모형 내 변수를 줄이는 데 사용될 수 있는 수학기법

- **최소 기능 제품(Minimum viable product, MVP)** 초기 고객의 니즈를 충족시키고 향후 제품 개발의 피드백을 얻기 위해 제작되는 최소한의 기능만을 보유한 제품

- **(아파치) 카프카(Kafka)** 확장 가능성이 매우 높은 오픈소스 메시지 대기행렬 플랫폼으로 링크드인이 개발하고 2011년 소스코드를 무료로 공개했다.

- **클라우드 컴퓨팅(Cloud computing)** 최종 이용자가 소유하지는 않지만 가입을 통해 필요할 때마다 사용할 수 있는 하드웨어나 소프트웨어를 사용하는 행위

- **테라바이트(Terabyte, TB)** 10 바이트 또는 1,000기가바이트

- **투자수익률(Return on investment, ROI)** 투자의 수익을 측정하는 지표. 투자수익률을 계산하는 방법은 다양하다.

- **특징 추출(Feature engineering)** 원본 데이터베이스에는 없는 데이터 필드를 생성하는 행위로 이 데이터 필드는 분석모형에서 설명값이 된다. 예를 들어, 오직 구매내역으로만 구성된 데이터베이스에서 '마지막 구매이후 경과된 시간'이란 데이터 필드를 추출해낼 수 있다.

- **패스트 데이터(Fast data)** 고속으로 생성되어 실시간으로 수신하고 분석하고 대처해야만 하는 데이터

- **페르소나(Personas)** 특정 특징, 목표 그리고/또는 행동적 특성을 지녔다고 가정한 이용자 그룹

- **페타바이트(Petabyte, PB)** 10 바이트 또는 1,000테라바이트

- **포레스터(Forrester)** 미국 시장조사기관

- **포레스터 웨이브(Forrester Wave)** 특정 기술 영역의 벤더들에 관한 포레스터의 정기 평가보고서

- **표준 질의어(Standard Query Language, SQL)** 관계형 데이터베이스에서 데이터를 입력하고 불러내는 표준 언어

- **플링크(Flink)** 스트리밍 데이터의 오픈소스 프로세싱 프레임워크

- **(아파치) 하둡(Hadoop)** 데이터의 분산 저장 및 처리를 위한 기본적인 오픈소스 소프트웨어 프레임워크. 데이터 저장에는 HDFS를, 데이터 처리에는 맵리듀스를 사용한다.

- **하둡 분산 파일 시스템(Hadoop Distributed Files System)** 하둡의 확장 가능한 분산 파일 시스템

- **(아파치) 하이브(Hive)** 하둡의 데이터 웨어하우징 오픈소스 소프트웨어

- **학습(Training)** 모델학습 참조

- **학습 데이터(Training data)** 분석모형의 매개변수를 맞출 때 사용되는 데이터

- **핵심성과지표(Key Performance Indicator, 핵심성과지표)** 조직이 성과를 평가할 때 사용하는 정량화 가능한 지표로 목표를 설정하고 진도를 측정하기 위해 주로 사용된다.

- **회전지연(Latency)** 데이터가 포인트를 이동할 때 걸리는 시간

빅데이터, 돈을 읽다

초판 1쇄 발행 2020년 9월 25일

글쓴이   데이비드 스티븐슨
옮긴이   장진영

편집장   류지상
편집   이용혁
디자인   문지현
마케팅   이주은

펴 낸 이 이경민
펴 낸 곳 ㈜동아엠앤비
출판등록 2014년 3월 28일(제25100-2014-000025호)
주소   (03737) 서울특별시 서대문구 충정로 35-17 인촌빌딩 1층
전화   (편집) 02-392-6903 (마케팅) 02-392-6900
팩스   02-392-6902
전자우편 damnb0401@naver.com
SNS

ISBN 979-11-6363-229-0 03320